OEUVRES

PHILOSOPHIQUES

DE F. HEMSTERHUIS.

OEUVRES

PHILOSOPHIQUES

DE F. HEMSTERHUIS.

NOUVELLE ÉDITION, REVUE ET AUGMENTEE.

TOME PREMIER.

PARIS,

L. HAUSSMANN, IMPRIMEUR-LIBRAIRE, RUE DE LA
HARPE, N°. 80.

1809.

DEDIÉ

TRÈS – RESPECTUEUSEMENT

A

SON ALTESSE SÉRÉNISSIME,

MONSEIGNEUR

CHARLES-MAURICE
DE TALLEYRAND-PÉRIGORD,

PRINCE DE BÉNÉVENT,

VICE – GRAND – ELECTEUR ET GRAND – CHAMBELLAN DE
S. M. L'EMPEREUR DES FRANÇOIS ET ROI D'ITALIE,
FAISANT LES FONCTIONS D'ARCHI CHANCELIER D'ETAT,

PAR

SON TRÈS-HUMBLE ET TRÈS-OBÉISSANT
SERVITEUR ET BIBLIOTHÉCAIRE,

JANSEN.

PRÉFACE

DE L'ÉDITEUR.

C'est en 1792 que j'ai publié, pour la première fois, la collection des OEuvres philosophiques de M. *F. Hemsterhuis,* laquelle fut alors rapidement enlevée ; de sorte qu'il y a plusieurs années qu'elle manque dans la librairie. Je pense donc que les amateurs de la bonne et saine littérature me sauront quelque gré de ce que je leur en offre cette seconde édition, qui est exécutée avec le plus grand soin typographique.

Je me trouve heureux de pouvoir rendre ce nouvel hommage à la mémoire d'un écrivain aussi estimable que l'étoit M. *Hemsterhuis,* avec qui j'ai eu le bonheur de respirer le même air dans ma

« perdre de cette élégance attique qui
« souvent n'est qu'un souffle ou une
« substance purement aërienne, et
« qu'on ne sauroit ni traduire, ni ana-
« lyser ».

AVERTISSEMENT

DE

LA PREMIÈRE ÉDITION.

Les génies supérieurs, qui, par leurs travaux et par leurs écrits, ont éclairé les hommes, trouvent un éloge assuré dans la lumière qu'ils ont su répandre [1], Cet axiome de feu *M. F. Hemsterhuis* ne peut certainement être mieux appliqué à personne qu'à lui-même; et si *dans certaines maisons il règne une sagesse de famille, qui paroit tenir au sang* [2]. il faut convenir que celle des *Hemsterhuis* a été remarquable par ses mœurs, ses vertus, son savoir et son goût décidé pour les beaux-arts et les belles-lettres.

[1] Voyez *Description philosophique du caractère de feu M. F. Fagel, tom. I , pag.* 268

[2] ibid. *tom. I , pag.* 278.

L'aïeul de M. *F. HEMSTERHUIS,*
dont nous présentons les œuvres au public, étoit médecin, et habitoit la ville
de Groningue. Il aimoit beaucoup les
sciences , et avoit acquis de grandes
lumières par ses voyages; et ces lumières , il les communiqua à son fils *Ti-
bère Hemsterhuis* , si avantageusement
connu par son immense érudition, particulièrement dans les langues grecque
et latine [1], et par ses liaisions littéraires
avec les principaux savans de son siècle.
Ses ouvrages sont généralement esti-
més [2].

[1] Voyez MEINARDI TYDEMAN , *Orat. de
copulenda Litterarum ac Morum elegantia.*
Leonard. 1763. *Elogium Hemsterhusii, Act.
litt.* vol. III, part. II, pag. 228 et seq., et
vol. VI, part. IV, pag. 403. — *Elogium Ti-
berii Hemsterhusii*, auctore DAVIDE RUHN-
KENIO.

[2] Voici la liste des ouvrages de feu M. *Ti-
bère Hemsterhuis*, 1°. une édition de l'*Ono-
masticon de Julius Pollus*; 2°. *Luciani Col-
loquia selecta* ; 3°. *Aristophanis Plutus* ;

Feu *M. F. HEMSTERHUIS* hérita des qualités estimables et des profondes connoissances de son père ; mais il eut surtout en partage son amour pour la philosophie. Une vie simple et consacrée entièrement à l'étude, des mœurs douces et pures, jointes à une extrême modestie, ont fait que sa place dans le monde a été peu marquée ; mais, d'un autre côté, elles l'ont rendu d'autant plus recommandable, et d'autant plus précieux à ses amis, qui, dans le silence de sa solitude , alloient recueillir ses

4°. A-peu-près le premier volume de *Luciani opera*, dont *M. J. F. Reitz* a depuis publié le reste ; 5°. Des remarques et des corrections sur le *Xenophon Ephesius*, insérées dans les *Observationes miscellanæ Amstellodami* ; 6°. des remarques sur *Jean-Chrysostome*, insérées dans les remarques de *Raphelius* sur le *Nouveau Testament* ; 7°. des réflexions dans le *Hesychius d'Alberti*, le *Callimaque d'Ernesti*, et le *Thomas magister de Bernard* ; enfin, 8°. *des Discours* publiés par *M. Valckenaer*.

vues étendues pour nourrir leur esprit, et ses sages préceptes pour con-
soler leur cœur. Parmi ces amis on
doit principalement compter feu M. F.
Fagel, et M. et madame la princesse de
Gallitzin [1]. C'est à madame de Gallitzin
qu'il a dédié, sous le nom de *Diotime*,
la plupart de ses ouvrages. M. Jacobi [2]
jouissoit également de l'amitié la plus
intime de *M. HEMSTERHUIS*; et c'est à
M. Jacobi que nous devons la satisfaction de donner au public le morceau

[1] *M. le prince de Gallitzin*, dominé par son
goût pour les arts et les sciences, a quitté
la place de ministre plénipotentiaire de la
cour de Russie auprès de la République de
Hollande, pour se livrer entièrement à l'é-
tude. Nous avons de lui une *Description
physique de la contrée de la Tauride, relativement aux trois règnes de la nature;* des
*Lettres sur quelques objets de minéralogie,
adressées à feu M. Camper;* et, si je ne me
trompe, une traduction de l'*Histoire naturelle de Pline.*

[2] *M. F. H. Jacobi,* conseiller privé de l'é-

intitulé *Simon ou des facultés de l'ame,* et la *Lettre de Dioclès à Diotime, sur l'Athéïsme,* publiés ici pour la première fois, et qui, sans contredit, sont deux des plus précieuses productions de notre auteur. On sait qu'il n'avoit fait imprimer séparément ses autres ouvrages qu'en très-petit nombre, et pour ses amis seulement.

Nous avons de plus enrichi cette édition d'un morceau de M. Herder, *De l'Amour et l'Egoïsme,* traduit de l'allemand, qui sert de suite et de développement à la *Lettre sur les Désirs;* d'une *Lettre de M. Jacobi à M. Hemsterhuis,* laquelle renferme une idée du système de Spinoza, et une espèce d'analyse de celui de notre auteur; de *notes*

lecteur palatin aux duchés de Juliers et de Berg, s'est, entr'autres, acquis une réputation bien méritée par des *Lettres sur Spinoza,* écrites en allemand; ouvrage qui, a tous égards, seroit digne d'être mis sous les yeux des lecteurs françois.

de M. Garve, un des plus estimables savans d'Allemagne, sur la *Lettre sur la Sculpture ;* et d'autres *notes,* non moins intéressantes, de *M. Dumas,* destinées à éclaircir quelques passages de la *Lettre sur l'Homme et ses rapports.*

Les vignettes qui ornent la *Lettre sur la Sculpture,* la *Lettre sur les Désirs,* et l'*Aristée ou de la Divinité* sont, ainsi que les planches, gravées d'après les originaux dessinés par feu *M. Hemsterhuis* lui-même. Les autres vignettes ne lui appartiennent pas. Le portrait en médaillon, qui se trouve à la tête de la *Lettre de M. Jacobi,* est celui de cet illustre savant ; et c'est un présent dont le public nous saura sans doute bon gré.

M. F. Hemsterhuis mourut à la Haye, au mois de juin 1790. Il étoit premier commis de la secrétairerie du conseil d'état des Provinces-Unies des Pays-Bas.

LETTRE

SUR

LA SCULPTURE.

AVERTISSEMENT

DE

L'ÉDITEUR.

L'auteur de cette lettre m'ayant fait le plaisir de me la communiquer en manuscrit, je fus si frappé de la nouveauté du principe qu'il emploie pour expliquer de quelle manière l'ame juge de la beauté ; et je trouvai qu'il en faisoit une application si heureuse aux différens sujets qui lui ont servi à éclaircir sa pensée, que, dès ce moment, je résolus de rendre public ce petit ouvrage. J'ai eu de la peine à en obtenir la permission de M. Hemsterhuis; et quand enfin il me l'a accordée, il ne m'a abandonné sa lettre qu'en me déclarant expressément qu'il ne vouloit avoir aucune part à son impression, et que ce seroit à moi à répondre du peu de succès qu'elle auroit. Je m'en suis chargé très-volontiers à ces conditions. La publication d'un écrit aussi court que celui-ci ne devoit pas me donner beaucoup de peine ; et l'approbation que cette lettre a remportée de celui à qui elle est adressée, et dont le bon goût m'est très-bien connu, me rassure sur l'accueil que lui feront tous les amateurs des beaux-arts.

LETTRE

SUR

LA SCULPTURE,

A M. DE SMETH,

ANCIEN PRÉSIDENT DES ÉCHEVINS DE LA VILLE D'AMSTERDAM.

Vous m'avez imposé, monsieur, il y a quelque temps, la tâche de vous communiquer mes idées sur la sculpture. Au premier moment de loisir que je me suis trouvé, j'ai pensé aux moyens de vous satisfaire.

J'ai vu d'abord qu'il me falloit détailler ce que c'est que le but, le principe et la perfection de la sculpture, pour développer ensuite les différentes modifications auxquelles elle a été exposée dans les différens siècles et chez les différentes nations ; mais lorsque j'allois mettre sur le papier ces idées, je les trouvai si liées à des idées ou plus générales, ou particulières à d'autres sciences et à d'autres arts, que je compris que j'aurois plutôt fait en vous parlant d'abord des arts en général, pour revenir ensuite à la sculpture d'une façon plus directe.

Le premier but de tous les arts est d'imiter la nature ; le second, de renchérir sur la nature, en produisant des effets qu'elle ne produit pas aisément, ou qu'elle ne sauroit produire.

Il faut donc examiner, premièrement, comment se fait cette imitation de la nature ; et ensuite, ce que c'est que de renchérir sur elle et de la surpasser : ce qui nous mènera à la connoissance du beau.

Je me bornerai, autant qu'il sera possible, aux arts qui ont un rapport direct avec l'organe de la vue, et je ne parlerai des autres qu'autant que j'en aurai besoin pour déterrer ou démontrer quelque principe universel.

Je ferai, avant tout, une réflexion qui, dans la suite, vous paroîtra avoir été essentielle, afin de donner de la clarté à des choses qui ont été traitées un peu obscurément jusqu'ici, et cette réflexion me servira d'axiome : c'est que, par un long usage et le secours de tous nos sens à la fois, nous sommes parvenus, en quelque façon, à distinguer essentiellement les objets les uns des autres, en n'employant qu'un seul de nos sens. Par exemple, sans avoir besoin du tact ni du son, je distingue à la vue seule ce qui est un vase de ce qui est un homme, de ce qui est un arbre, de ce qui est un sceptre, etc. [1]; tellement que quelques proportions ou quelques modifi-

---

[1] Les classes des animaux et des plantes seroient certainement bien différentes pour nous de ce qu'elles nous paroissent, si c'étoit l'organe de l'odorat qui nous servît principalement à en juger.

(Note de M. Garve.)

cations que je puisse donner à la figure du sceptre, elle ne pourra jamais me donner l'idée d'un vase, sans que celle du sceptre ne soit détruite, et ainsi des autres.

De-là a résulté que nous avons divisé tacitement par classes bien déterminées tous les objets visibles, aussi bien ceux qui sont des productions de l'art, que ceux qui ont été produits par la nature ; et nous appelons monstre tout objet qui n'entre dans aucune classe connue ou qui tient à plusieurs classes à la fois, comme un animal inconnu, ou comme un centaure, un satyre, etc. [1].

[1] Seroit-ce véritablement la forme, et, en général, le contour des objets, qui auroit servi à déterminer les différentes classes de ces objets? et si cela est, ces classes se trouveroient-elles tellement liées entre elles que le passage de l'une à l'autre seroit impossible ; de manière que l'objet qui n'entre dans aucune classe connue, ou qui tient à plusieurs classes à la fois, doit être regardé comme un monstre ? Il nous semble, relativement à la première question, que, dans les productions de la nature, ce sont la forme et l'aspect, et dans les ouvrages de l'art, le but et l'usage, qui particularisent principalement les classes. Les idées même de sceptre et de vase que cite M. Hemsterhuis, ne tiennent pas , à beaucoup

Voyons maintenant jusqu'à quel degré on peut parvenir à imiter un objet visible.

Nous distinguons les objets visibles par leurs contours apparens, par la façon dont leur figure modifie les ombres et la lumière, et enfin par leur couleur : on pourroit dire que c'est uniquement par leur contour, puisque la couleur n'est qu'une qualité accessoire, et puisque la modification de la lumière ou des ombres n'est que le résultat d'un profil qu'on ne voit point.

près, tant à une forme déterminée qu'à un certain usage adopté. Or, comme la nature opère toujours d'une manière égale dans ce qu'elle produit, parce que ses vues sont constamment les mêmes, tandis que l'art varie sans cesse dans ses ouvrages, à cause que les besoins et les désirs de l'homme changent suivant les circonstances ; il s'ensuit que les idées que nous avons des choses produites par la nature, sont bien plus distinctes, plus exactes, plus précises que celles que nous devons à l'art ; ce qui fait que dans les premières nous apercevons, de temps en temps, des monstres, pendant que les autres ne nous en offrent réellement pas ; car il seroit possible qu'un sceptre eût, en quelque sorte, la forme d'un vase, et que le vase eût la forme d'un sceptre ; et l'on ne peut regarder comme monstruosité que ce qui est contraire à l'usage auquel on le destine.

(Note de M. Garve.)

Par exemple, Pl. I, dans le cône A, la ligne *a b* est le terme de l'ombre et de la lumière, ou d'un certain degré d'intensité de lumière ou d'ombre, et en même temps le contour d'un profil qui ne se voit qu'en B.

S'il s'agit à présent d'imiter le cône A, il est évident que le dessinateur au trait le fera bien imparfaitement, puisqu'étant en B il voit un triangle, en C un cercle, en D une ellipse, et ainsi du reste. Mais le peintre, en se servant encore de la dégradation des ombres, me donne, par ce moyen, l'idée de plusieurs contours que je ne saurois voir, et son imitation sera d'autant plus parfaite, qu'il me rendra, par cet artifice, le plus grand nombre de contours. Il s'ensuivra que pour l'imitation parfaite du cône, il faut l'imitation de tous les contours, ce qui n'appartient qu'à la sculpture. En voilà assez sur l'imitation pour ce qui concerne le second examen que je me propose; savoir, ce que c'est que de surpasser la nature par l'art.

J'ai considéré souvent, avec beaucoup d'attention, les dessins faits par de petits enfans, c'est-à-dire de ces enfans qui ont

du génie, et qui s'amusent à dessiner de
tête sans le secours du maître. J'en ai
connu un qui me dessina un jour un cheval, et, en vérité, rien n'y manquoit ;
toutes les parties s'y trouvoient, jusqu'aux
clous de sa ferrure ; mais en même temps
il n'y avoit ni crin ni queue à sa place. Je
menai l'enfant avec son dessin devant un
cheval véritable, et il parut s'étonner de
ce que je ne m'apercevois pas de la parfaite ressemblance.

Voyons, s'il vous plaît, ce qui se passoit
dans la tête de cet enfant.

Vous savez, monsieur, par l'application
des lois de l'optique à la structure de notre
œil, que dans un seul moment nous n'avons
une idée distincte que presque d'un seul
point visible, qui se peint clairement sur
la rétine : si donc je veux avoir une idée
distincte de tout un objet, il faut que je
promène l'axe de l'œil le long des contours
de cet objet, afin que tous les points qui
composent ce contour viennent se peindre
successivement sur le fond de l'œil avec
toute la clarté requise ; ensuite l'ame fait
la liaison de tous ces points élémentaires,
et acquiert à la fin l'idée de tout le contour.

Or, il est certain que cette liaison est un acte où l'ame emploie du temps, et d'autant plus de temps que l'œil sera moins exercé à parcourir les objets. L'œil de l'enfant, se promenant encore lentement et en désordre le long des contours du cheval, s'est arrêté irrégulièrement à tout ce qui traversoit sa marche et aux points les plus hétérogènes à l'objet; et ce sont aussi précisément ces points, comme les clous du harnois et de la ferrure, qu'il a retenus le mieux, et qu'il a représentés dans son dessin, sans égard au rapport local que ces parties avoient entr'elles.

En partant de-là, j'ai fait une expérience que voici. J'ai dessiné deux vases à peu près dans le goût que vous les voyez, Pl. II, en A et en B, et je les ai montrés à plusieurs personnes, et entr'autres à un homme de fort bon sens, mais qui n'avoit pas même une connoissance médiocre des arts. Tous, lorsque je leur ai demandé lequel étoit le plus beau de ces vases, m'ont répondu que c'étoit le vase A; et lorsque j'en demandai la raison au dernier, il me répondit, après quelque réflexion, qu'il étoit plus fortement affecté par le

vase A que par le vase B. J'ai donc considéré la force avec laquelle mon homme
fut affecté comme l'effet de l'action de mes
vases sur son ame, et j'ai décomposé cette
action en intensité et en durée. Voyons
maintenant ce que c'est que cette intensité
dans les figures A et B. Ce sont ces figures
mêmes, en tant qu'elles sont quantités visibles : ce sont tous les traits noirs, a, b,
c, d, etc., non en tant qu'ils sont contours
ou qu'ils finissent et terminent un objet,
ni en tant qu'ils se plient, qu'ils se joignent
ou qu'ils se disposent ensemble d'une certaine façon, mais en tant qu'ils contiennent
une certaine quantité de points visibles.
Or, dans les vases A et B, l'intensité est
supposée la même, c'est-à-dire que la
quantité visible est égale de part et d'autre;
par conséquent, le vase A a agi avec plus
de vélocité sur l'ame de mon homme que
le vase B, c'est-à-dire que, dans un plus
petit espace de temps, il a pu faire la
liaison des points visibles en A qu'en B,
ou, ce qui revient au même, qu'il a eu
plus promptement une idée du total A
que du total B.

Ne s'ensuit-il pas, monsieur, d'une façon

assez géométrique, que l'ame juge le plus beau ce dont elle peut se faire une idée dans le plus petit espace de temps [1]? Mais

[1] Il nous semble que ce n'est pas seulement par la quantité des points visibles, et par la vélocité avec laquelle ils se présentent à la vue, que les objets affectent plus ou moins l'œil et l'ame du spectateur, comme le dit M. Hemsterhuis ; mais que cela dépend aussi beaucoup de la propriété de ces objets et de leur rapport. Nous pensons donc qu'ici ce n'est pas le dessin dans lequel l'œil trouve le plus à voir, c'est-à-dire celui qui offre le plus de points visibles sur lesquels il puisse s'arrêter ; celui où, dans le plus petit espace de temps, il peut faire la liaison de ces points visibles, mais aussi celui où il peut parcourir ces points dans certaines directions. Qu'une ligne n'ait que la moitié ou le tiers de la longueur d'une autre à laquelle elle aboutit, cela ne paroît rien ajouter à la quantité ou à la vélocité des idées ; cependant c'est en cela que consiste entièrement ce qu'on appelle proportion, de laquelle dépend, en grande partie, le plaisir que nous trouvons à voir cet objet. D'ailleurs, la disposition des lignes les unes relativement aux autres, les angles qu'elles forment, leurs divergences avec la ligne centrale, et le coulant de ces lignes divergentes, toutes parties intégrantes de la beauté, ne semblent tenir que de loin aux deux principales causes dont parle notre auteur. Cependant tout cela y appartient ; car nous voulons que les lignes des contours soient variées

cela étant, l'ame doit donc préférer un seul point noir sur un fond blanc au plus beau et au plus riche des groupes; et, en effet, si vous donnez le choix des deux à un homme affoibli par de longues maladies, il n'hésitera pas à préférer le point au groupe; mais c'est l'assoupissement de ses organes qui cause ce jugement. Une ame saine et tranquille, dans un corps bien constitué, choisira le groupe, parce qu'il lui donne un plus grand nombre d'idées à la fois.

L'ame veut donc naturellement avoir un grand nombre d'idées dans le plus petit espace de temps possible, et c'est de-là que nous viennent les ornemens; sans cela, tout ornement seroit un hors-d'œuvre inutile, choquant l'usage, le bon sens et la nature; car quel rapport y a-t-il, dans le vase A, entre la tête d'un bélier à l'anse d'un vase, ou le combat d'Hercule et Hippolyte, et entre différentes cannelures qui

pour qu'elles nous fournissent un plus grand nombre d'idées, et nous voulons aussi que ces variétés se fassent d'une manière insensible, afin qu'il nous soit plus facile de saisir ces idées.

(Note de M. Garve.)

servent à diriger la marche de l'œil du spectateur ?

C'est par ce principe que nous aimons les grands accords en musique, que nous aimons les bons sonnets en poésie, puisque tout le sonnet se concentre dans le refrein; enfin, c'est par là que les épigrammes sont si piquantes : tout ce que nous appelons sublime dans Homère, dans Démosthène, dans Cicéron, dérive de-là.

Comme de la stabilité de ce principe dépendra beaucoup ce que je dirai dans la suite, vous devez me permettre, monsieur, que j'en pousse la recherche.

Nous voyons donc que c'est par la liaison successive des parties de l'objet que l'ame acquiert la première idée distincte de l'objet; mais ajoutons ici que l'ame a la faculté de reproduire l'idée de l'objet; et cette reproduction, qui vient du côté de l'ame, se fait d'une façon toute contraire à celle de la production de l'idée du côté de l'objet. Celle-ci naît de la succession continuelle des parties intégrantes de l'ob-jet, là où l'autre se crée à l'instant sous la forme d'un tout et sans succession de parties : tellement que si je veux réaliser cette idée reproduite par le moyen de la peinture, de la sculpture ou de la poésie, je dois la diviser dans ses parties, lesquelles se doivent succéder ensuite les unes aux autres pour représenter ce total. Il est aisé de voir que cette longue manœuvre doit bien diminuer la splendeur de l'idée. Enfin, je pourrois vous prouver, par un grand nombre d'exemples, pris chez les orateurs, les poëtes, les peintres, les sculpteurs et les musiciens, que ce que nous appelons grand, sublime et de bon goût, sont des grands touts, dont les parties sont si artistement composées que l'ame en peut faire la liaison dans le moment et sans peine (a). Le jugement des hommes ne différera qu'à proportion de leur habileté à lier promptement les parties du tout dans chaque art, et à proportion de leur situation morale par rapport à la chose représentée ; par exemple, lorsqu'un homme échappé du naufrage voit le tableau d'un naufrage, il sera plus affecté que les autres [1] ; lorsque Cicéron défend

[1] M. Hemsterhuis attache ici, selon nous, aux mots *situation morale* un sens plus étendu qu'ils ne comportent, ou bien il faut qu'il ait pris la partie pour le tout. Dans la nature, comme dans l'art, chaque re-

Ligarius, tout le monde l'admire, mais c'est César qui pâlit et frissonne : marque certaine qu'aux mots de Pompée et de Phar-

présentation d'un objet produit d'autant plus d'effet sur nous, que, 1°. nous apercevons à-la-fois un plus grand nombre de parties de cet objet; que 2°. les parties que nous y apercevons font naître davantage d'idées dans notre esprit par des connoissances acquises antérieurement, et qu'elles trouvent dans notre ame un plus grand nombre d'images analogues; enfin, que 3°. toutes ces idées sont réveillées plus spontanément et avec plus de force. — La première et une partie de la dernière de ces conditions dépendent de l'artiste, et la seconde du spectateur. — Il y a encore d'autres causes qui font qu'un seul et même objet offre plus d'idées identiques et accessoires à tel homme qu'à tel autre, et la situation morale est une de ces causes. — Voilà, suivant nous, pourquoi l'on n'a pas pris assez garde que tous les ouvrages de l'art (particulièrement dans la poésie, et les autres arts qui tiennent plus ou moins de la nature de celle-ci) supposent une connoissance antérieure des objets qu'ils cherchent à peindre, ou du moins de leurs parties intégrantes; de sorte qu'on s'arrête à se former des idées des qualités occultes de ces objets et à les mettre en action, plutôt que de représenter d'une manière immédiate ces mêmes objets. — Il n'y a point d'ouvrage de peinture, de musique, de poésie qui puisse m'émouvoir, si je ne m'identifie pas, en quelque sorte, avec l'objet qu'il me peint, si je ne monte sale il avoit plus d'idées concentrées et coexistantes que les autres auditeurs.

Passons maintenant à la représentation

point mon imagination à son unisson, et si je n'emploie pas toutes les facultés de mon ame à m'en pénétrer. Mais il est du devoir du poëte, du musicien et du peintre, de rendre cette identification plus facile, plus prompte, de donner de l'essor à mon imagination et de réveiller mes idées. — Supposons qu'un artiste peigne une figure humaine (qui est ce que l'art peut représenter de plus parfait), et cela avec la plus scrupuleuse exactitude, en n'omettant pas le moindre petit trait : quelles sont les conditions nécessaires pour que je puisse reconnoître l'objet que cette figure représente? Il faut d'abord que j'aie vu un homme; mais il ne suffit pas d'une connoissance grossière de sa conformation; car avec ce seul secours je serai également satisfait d'une figure parfaite et du plus misérable barbouillage, pourvu que cette informe esquisse m'offre l'apparence d'une tête et de pieds; mais il est essentiel que je possède une notion exacte des formes et des contours de tous les membres, pour que je sois en état de juger si le peintre les a rendus avec fidélité. Pour obtenir cette connoissance il a fallu que j'examine et étudie avec soin la figure humaine; et pour faire cette étude, j'ai dû y être porté par des raisons particulières; c'est-à-dire, qu'il a fallu que l'objet m'ait paru ou *agréable* ou *nécessaire*. C'est par sa beauté ou par l'identité que j'aurai avec un objet qu'il me paroîtra agréable; et il me semblera nécessaire par le besoin que je croirai en

de l'idée conçue ou reproduite, et supposons que Raphaël veuille peindre une Vénus. Il est évident que la Vénus née de la
tête de Raphaël sera bien digne de ses autels
de Paphos et de Gnyde ; mais avant que le
peintre soit parvenu à la moitié de son ouvrage, la vingtième Vénus lui aura déja
passé par l'imagination. Je fais mal peut-
être en prenant ici pour exemple cet illustre

avoir, ou par le plaisir que sa possession me promet.
Toutes ces conditions sont requises pour la connoissance que je dois posséder, même avant de porter
ma vue sur l'objet. — Maintenant il faut que je donne
la même attention au tableau ; il faut que la manière
d'imiter la nature par l'art me soit connue, afin de
pouvoir discerner ce que m'offre l'imitation qu'il me
présente ; il faut que je sache réunir, sous un seul
coup-d'œil, les différentes parties qui composent le
tout, et comparer la production du peintre avec le
modèle que j'en porte empreint dans mon esprit.
— Ainsi, tout ce qui contribue à frapper mon imagination par la vue de notre figure, ou de toute autre
production de l'art, et à rendre cette impression plus
forte ou plus foible, dépend, ou de ce que j'ai une
connoissance plus ou moins grande de l'objet, ou de
ce que je contemple cet objet avec plus ou moins
d'attention, et que je possède plus ou moins le talent
de le contempler.

(Note de M. Garve.)

génie de la peinture, puisqu'il ne me paroît
pas impossible qu'on puisse conserver une
grande idée assez long-temps dans toutes ses
parties et dans toute sa majesté pour en
crayonner le contour ; mais du moins est-il
vrai que chez le peintre ordinaire, la tête,
les bras, les jambes de la Vénus appartien-
dront à autant de Vénus différentes. Je vou-
drois qu'on apprît aux jeunes gens à dessiner les yeux bandés : ce seroit le meilleur
moyen je crois pour avoir des compositions
excellentes ; car il est tellement vrai que
l'œil fait plus de mal que de bien dans les
premières esquisses, qu'on voit la plupart
des peintres effacer ou ajouter éternellement à leurs brouillons, ce qu'ils ne feroient pas s'ils avoient représenté leur première idée bien conçue. La première idée
distincte et bien conçue d'un homme de
génie, qui est rempli du sujet qu'il veut
traiter, est non-seulement bonne, mais déja
bien au-dessus de l'expression.

Je dois faire ici une remarque en passant,
c'est que ce sont les premières esquisses qui
plaisent le plus à l'homme de génie et au
vrai connoisseur ; et cela par deux raisons
différentes : premièrement, parce qu'elles

tiennent beaucoup plus de cette divine vivacité de la première idée conçue, que les
ouvrages finis et qui ont coûté beaucoup
de temps ; mais, en second lieu, et principalement, parce qu'elles mettent en mouvement la faculté poétique et reproductive
de l'ame, qui, à l'instant, finit et achève ce
qui n'étoit qu'ébauché en effet ; et par-là
elles ressemblent beaucoup à l'art oratoire
et à la poésie, qui, en se servant de signes
et de paroles, au lieu de crayons et de pin-
ceaux, agissent uniquement sur la faculté
reproductive de l'ame, et produisent par
conséquent des effets beaucoup plus consi-
dérables que ne sauroit le faire la peinture
ou la sculpture, même dans leur plus grande
perfection [1]. Un trait excellent de quelque
grand orateur ou poëte fait battre le cœur,

[1] La poésie en particulier agit sur la faculté reproductive de notre ame. Les descriptions d'Homère ne
me portent point à me former d'Hélène et de Priam
l'idée que ce poëte en avoit conçue ; mais à me figurer un Priam, une Hélène d'après ma propre conception : son art ne sert donc qu'à me faire représenter ces deux personnages de la manière la plus
parfaite que mon imagination puisse les produire.
(*Note de M. Garve.*)

Homère ne peint point en détail les beautés d'Hé-

fait pâlir, fait trembler et ébranle tout notre
système ; ce qui n'arrivera pas à la vue du
plus beau tableau, ni de la plus belle statue.
Il semble que le célèbre Léonard de Vinci
a pensé à-peu-près dans le même goût
sur les esquisses, lorsqu'il a voulu que les
peintres fissent attention aux parois et aux
murs qui se trouvent tachetés au hasard,
et dont les taches irrégulières font naître
souvent dans la pensée des paysages de la
plus riche ordonnance. Pour vous prouver

lène, il dit seulement en passant qu'elle avoit les bras
blancs et de beaux cheveux ; c'est par l'admiration que
les plus vénérables vieillards de la Grèce montrent à
sa vue, qu'il sait présenter une idée sensible de la
beauté d'Hélène. Virgile en a agi de même à l'égard
de Didon, qui n'est chez lui que la *pulcherrima Dido ;*
et quand il s'étend un peu sur son sujet, c'est en faisant la description de ses riches vêtemens. Anacréon
n'a décrit sa maîtresse et son cher Bathylle , qu'en
disant à l'artiste de quelle manière il veut que tous
leurs traits soient rendus ; et Lucien ne trouve pas
d'autre moyen de donner une idée de la beauté de
Penthée, qu'en comparant toutes les parties de son
corps à celles des plus belles statues de femmes des
anciens : ce qui prouve, selon nous, que la poésie et
l'éloquence ont besoin que les arts du dessin leur
servent, en quelque sorte, d'interprètes.

(*Note de l'éditeur.*)

que les esquisses font le même effet dans
tous les arts, je vous rappelle le *quos ego.....*
de Virgile, qui peint beaucoup mieux la
véhémence de la menace de Neptune que
tout ce que Virgile auroit pu dire de plus
énergique. Une grande partie du sublime
dans les harangues de Cicéron est en esquisse. Combien de pièces dramatiques où
un silence éloquent dit plus que des beaux
vers (*b*)! Combien de harangues militaires,
ne consistant qu'en peu de mots, souvent
destitués de sens en apparence, ont fait
naître et coexister des idées assez fortes pour
mener aux victoires les plus périlleuses!

Nous avons vu que le beau dans tous les
arts nous doit donner le plus grand nombre
d'idées possible, dans le plus petit espace
de temps possible. Il s'ensuit que l'artiste
pourra parvenir au beau par deux chemins
différens : par la finesse et la facilité du
contour, il peut me donner, dans une seconde de temps, par exemple, l'idée de la
beauté, mais en repos, comme dans la Vénus de Médicis ou dans votre Galatée; mais
si, avec un contour également délié et facile, il exprimoit une Andromède avec sa
crainte et ses espérances visibles sur tous

ses membres, il me donneroit, dans la
même seconde, non-seulement l'idée de la
beauté, mais encore l'idée du danger d'Andromède; ce qui mettroit en mouvement,
non-seulement mon admiration, mais aussi
ma commisération. Je veux bien croire que
toute passion exprimée dans une figure
quelconque doit diminuer un peu cette
qualité déliée du contour, qui le rend si
facile à parcourir pour nos yeux; mais au
moins, en mettant de l'action et de la
passion dans une figure, on aura plus de
moyens pour concentrer un plus grand
nombre d'idées dans le même temps. Il
semble que Michel-Ange, dans le groupe
d'Hercule et Antée, a voulu parvenir à cet
optimum, plutôt en augmentant le *maximum* de la quantité des idées, par l'action
d'Hercule et la passion d'Antée, parfaitement exprimées, qu'en diminuant le *minimum* du temps que nous employons à parcourir le groupe, par un contour d'une
grande facilité, qui n'arrêtât point la marche de l'œil; et il semble, au contraire,
que Jean de Bologne, dans l'enlèvement des
Sabines, a plutôt cherché cet *optimum* en
diminuant le *minimum* du temps par la fa-

cilité de ses contours, qui renferment presque autant de membres différens et bien
contrastés, qu'il est possible d'en imaginer
dans une composition de trois figures. Lorsqu'on voit ces deux pièces à une grande distance, celle d'Hercule et Antée est fort
au-dessous de l'autre; parce que la magie
de l'expression ne sauroit atteindre à une
grande distance, et qu'alors il ne reste que
la quantité d'idées que peuvent donner quelques membres médiocrement contrastés :
l'enlèvement des Sabines aura un effet exactement contraire.

Ce qui détruit le plus cet *optimum* dans
les productions de l'art, c'est la contradiction qui se trouve dans un tout, tant entre
les parties du contour, qu'entre celles qui
expriment des actions et des passions.

Pour vous faire voir ce que j'appelle contradiction dans le contour, j'ai copié, dans
la Pl. I, une gravure du cabinet du roi de
France. L'œil le plus exercé a de la peine à
débarasser la figure de l'enclume de celle de
l'enfant, celle du rocher de la jambe de
Vulcain, et ainsi du reste. Les contours sont
si équivoques qu'on ne sait jamais où l'on
en est en voulant se faire l'idée du tout. Il

est vrai qu'il y a des compositions beaucoup
plus mauvaises encore, mais je crois que
celle-ci suffit pour développer ma pensée (*c*).
Pour comprendre ce que j'appelle contradiction dans l'expression, vous n'avez qu'à
vous représenter dans l'Hercule Farnèse
quelque muscle qui soit excessivement tendu et qui choque l'équilibre et le repos qui a
été le but unique de Glycon ; ou bien figurez-vous dans le groupe de Laocoon quelque membre ou quelque physionomie qui
appartiendroit à l'allégresse. Si vous voulez,
enfin, un exemple parfait, surtout de cette
dernière contradiction, vous n'avez qu'à regarder votre statue de Mars en ivoire qui
vous expliquera parfaitement mon idée.

Les artistes ne tombent dans ce défaut
que par ce que j'ai dit plus haut, que l'ame
a besoin de temps et de succession de parties lorsqu'elle veut, par la main ou par la
parole, rendre, exécuter, ou réaliser une
belle idée qu'elle a conçue.

Il me semble qu'il est aisé de comprendre
par tout ce que je viens de dire, qu'il est
très-possible, pour ce qui regarde le beau,
de surpasser la nature ; car ce seroit un hasard bien singulier qui mettroit un certain

nombre de parties tellement ensemble qu'il en résultât cet *optimum* que je désire, et qui est analogue, non à l'essence des choses, mais à l'effet du rapport qu'il y a entre les choses et la construction de mes organes. Changez les choses, la nature de nos idées du beau restera la même : mais si vous changez l'essence de nos organes, ou la nature de leur construction, toutes nos idées présentes de la beauté rentreront aussitôt dans le néant.

Il y a encore une observation à faire, qui est assez humiliante, à la vérité, mais qui prouve incontestablement que le beau n'a aucune réalité dans soi-même. Qu'on prenne d'un côté un groupe ou un vase qui ait, autant qu'il est possible, tous les principes de la laideur : qu'on en prenne un autre qui ait tous les principes de la beauté : qu'on les observe de tous les côtés journellement pendant plusieurs heures de suite. Le premier effet de cette pénible expérience sera le dégoût ; mais lorsqu'on voudra de nouveau comparer ces deux objets, on sera étonné de voir que la sensibilité de la différence de leurs degrés de beauté sera diminuée extrêmement, et paroîtra même avoir changé

de nature : on se trouvera, en quelque façon, indécis sur le choix à faire entre ces
deux objets, qui pourtant en effet diffèrent
totalement l'un de l'autre. La raison de ce
dégoût dérive d'une propriété de l'ame dont
je vous parlerai une autre fois; mais celle
de ce changement dans notre jugement consiste en ce que l'œil, pendant l'expérience,
s'est tellement exercé à se promener le long
des contours du groupe dont la composition étoit mauvaise, qu'il achève sa course
presque dans le même espace de temps que
demande l'autre objet pour qu'on en ait
une idée distincte ; et, au contraire, en
parcourant un si grand nombre de fois le
bel objet, l'œil y a découvert des coins et
des recoins sur lesquels il avoit glissé avec
facilité au premier aspect, et qui maintenant le font heurter dans sa marche. La
même expérience aura dans tous les arts les
mêmes effets.

Nous avons appris de la nature, à connoître les choses ; de l'usage, à les distinguer ; mais l'idée de la beauté des choses
n'est qu'une conséquence nécessaire de cette
singulière propriété de l'ame que je viens
de démontrer.

En finissant cette partie un peu métaphy-
sique de ma lettre, je remarque en passant,
que par cette propriété il paroît inconces-
table qu'il y a dans notre ame quelque chose
qui répugne à tout rapport avec ce que
nous appelons succession ou durée [1].

[1] Nous ne comprenons pas ce que le mot *rapport*
peut avoir de commun avec celui de *succession* ou
durée. M. Hemsterhuis auroit-il voulu dire qu'il y a
quelque chose dans notre ame qui répugne à tout ce
qui rappelle en nous la durée de notre existence ?
Dans ce cas, il auroit pu s'expliquer d'une manière
plus claire. Dans la supposition que c'est-là à-peu-
près le sens de ce passage, nous avons cherché à
l'éclaircir par les observations suivantes : 1°. Nous
éprouvons un certain chagrin toutes les fois que nous
remarquons la suite des momens et la lente succession du temps ; au contraire, tout ce qui sert à nous
faire oublier la fuite du temps, et à nous rendre inat-
tentifs sur la durée de notre vie, est pour nous un
plaisir, ou du moins une sensation qui nous tient lieu
de plaisir. 2°. Tout ce qui nous présente une longue
suite d'objets ou de productions de l'art d'une même
espèce, et que nous sommes obligés de parcourir
successivement, nous répugne, nous rend ces objets
désagréables et nous fait trouver le travail pénible.
Aussi, toutes les fois qu'il s'agit d'une entreprise qui
demande un vaste plan, qu'on ne peut parcourir que
successivement et en détail, on se rebute, en général, en pensant à ce qui reste encore à exécuter ; mais

Nous voilà parvenus à la sculpture. C'est de toutes les espèces d'imitation des choses visibles la première, parce qu'elle est la plus

celui qui peut faire abstraction de cette série de travaux, et qui ne pense qu'à ce qui l'occupe actuellement, achevera certainement cet ouvrage; c'est ainsi que nous éprouvons du dégoût à parcourir un chemin en ligne droite, et qui nous laisse apercevoir de fort loin le lieu où nous voulons nous rendre; parce que cette vue nous fait oublier le moment actuel, pour nous porter dans l'avenir, qui nous semble approcher d'autant plus lentement que nous donnons plus d'attention à mesurer l'espace qui nous sépare de l'objet où nous tendons. 3°. Il est bien plus facile à l'ame de supporter une vive douleur ou un chagrin violent dont on prévoit avec certitude la fin, qu'une moindre douleur et un plus foible chagrin qui nous présentent l'idée d'une durée indéterminée. 4°. Nous ne connoissons la durée qu'en arrêtant nos regards sur nous-mêmes, ou en prêtant attention à ce qui ce passe dans notre ame ou dans notre corps. 5°. Lorsqu'on réfléchit à quelles espèces de travaux la paresse nuit en général, on trouvera que ce ne sont pas ceux qui demandent des efforts soudains et violens, mais ceux qui requièrent une application soutenue. L'homme indolent voudroit pouvoir faire tout-à-la-fois, et dans le moment même qu'il le désire: il lui est également pénible de ne point fixer son désir sur le but qu'il se propose, et de penser au moyen nécessaire pour y parvenir. C'est ainsi que le sauvage coupe l'arbre

parfaite : la peinture vient ensuite, ou plutôt il y a encore un genre mitoyen entre
ces deux, qu'on appelle la sculpture en bas-
relief : j'en ferai un petit article à part à la
fin de ma lettre.

Il me paroît que la naissance de la sculpture est antérieure à celle de la peinture,
parce qu'il me semble plus naturel qu'aussitôt qu'on a voulu imiter, on ait voulu
imiter plutôt en bloc, pour ainsi dire, qu'i-
miter un objet de ronde-bosse sur une sur-
face plane ; ce qui demande une abstraction

par le pied plutôt que d'y monter pour en cueillir le
fruit ; et l'on peut dire que tous les hommes sont plus
ou moins paresseux sous quelque rapport. — Mais
nous pensons que, dans ce cas, ce n'est pas la durée
même qui nous chagrine ; mais que nous sommes seulement fâchés de ce que nous ne la remarquons jamais
que sous un aspect désagréable. Voici ce que nous
apprend l'expérience : c'est la chose qui nous cause
du déplaisir qui nous fait apercevoir de la durée de
notre existence, et qui nous la rend pénible pour le
moment actuel ; mais l'expérience ne nous instruit
point si ces deux effets ont une cause commune, s'ils
sont absolument inséparables l'un de l'autre, ou bien si
le déplaisir n'est qu'une conséquence de la remarque
que nous faisons de la durée du temps.

(Note de M. Garve.)

bien plus considérable qu'on ne le croiroit
au premier abord. D'ailleurs, ce qui est
certain, c'est que cette idée abstraite de
contour a été absolument nécessaire pour
faire naître le dessin et la peinture. Pour
l'acquérir il faut une certaine perfection,
un certain degré d'exercice dans l'organe
de la vue. Or, il paroît que le tact a été le
plutôt perfectionné, et que parconséquent
on a dû se servir beaucoup plutôt, pour
les imitations, des idées qui nous viennent
par le tact que de celles qui nous viennent
par la vue. Je sais bien que ce sentiment
choque un peu la véracité de l'histoire de
cette belle, qui la première avec un char-
bon fixa l'ombre de son amant sur la muraille : mais lorsqu'on parle de muraille ,
on suppose déjà une architecture; or, l'architecture est un art imitatif comme les
autres, ce qu'on peut prouver; et comme
toute imitation directe des choses visibles
demande la connoissance du dessin, il s'ensuit que le dessin étoit antérieur à la belle,
et que son histoire n'est qu'une fable agréa-
blement imaginée.

Pour ce qui est de l'ancienneté de la
sculpture, on ne sait qu'en dire. On pré-

tend d'un côté qu'avant Dédale il y avoit des écoles à Sicyone et ailleurs; et de l'autre il paroît que Dédale a été le premier qui fendit le bas de ses statues pour en faire des jambes, tellement qu'on disoit que par-là les statues de Dédale paroissoient marcher et courir: sur ce pied là quelle idée se peut-on faire de ces écoles?

Laissons donc la recherche de l'antiquité de la sculpture, et voyons quel a été l'esprit qui a dû présider en elle dans l'Asie ou chez les Égyptiens, dans les siècles de Phidias et de Lysippe, chez les Étrusques, les Romains, chez les Goths, et enfin dans nos siècles de la renaissance des arts.

Si nous considérons l'état politique du monde dans les temps les plus reculés, nous ne voyons que des patriarches et des despotes, qui ne différoient entr'eux qu'à proportion de l'étendue, souvent immense, des peuples et du terrein qu'ils avoient sous leur puissance. Il étoit naturel que chez ces peuples le grand et l'immense fissent le beau; et bornés comme ils étoient, en imitant la nature, ils crurent aller bien au-delà, en la dirigeant vers cette immensité; ce qui devoit les mener non à la vérité, mais au merveilleux. Aussi ce fut le merveilleux qui devint l'esprit général de leurs arts et de leurs sciences, et tout ce qui nous reste d'eux en porte l'empreinte. Tout ressemble à ces peuples mêmes, tout est un grand total, sans composition et sans parties. Je crois que vous serez convaincu de cette vérité en examinant même la plus petite statue des Égyptiens, c'est-à-dire, de celles qui nous restent de la haute antiquité, et avant que le style grec commençât à se manifester plus ou moins dans leurs ouvrages.

Lorsqu'on dit que les Grecs ont été les disciples des Égyptiens, il faut entendre, je crois, que les Grecs ont appris des Égyptiens qu'il y avoit des arts, et qu'ils ont appris d'eux le maniement grossier de quelques outils; car en examinant bien les plus anciennes monnoies d'Athènes, qui sont apparamment des copies extrêmement exactes de plus anciennes encore, on trouvera que la gravure en est, je l'avoue, aussi barbare et aussi mauvaise qu'il est possible; mais du moins on n'y trouvera aucune trace du goût des Egyptiens. Cette considération me fait croire que jamais les Grecs n'ont copié les ouvrages des Égyptiens, et qu'on peut les

regarder comme si les arts avoient pris véritablement naissance chez eux. Nous verrons bientôt que les nations qui commen-
cent par être copistes des autres, arrivent
à leur perfection par une route bien différente de celle qu'ont tenue les Grecs.

Chez les anciens peuples dont je viens de
parler, la classe des êtres essentiels et vraiment actifs ne consistoit que dans un petit
nombre de despotes; le reste des hommes
n'étoit rien. Chez les Grecs, divisés en petites monarchies et en petites républiques,
tout individu devint essentiel : ces petits
états, si voisins les uns des autres, se firent
la guerre continuellement; ce qui rendit les
Grecs actifs, et dut par conséquent augmenter prodigieusement le nombre de leurs
connoissances. Cette vive activité des Grecs
leur donna un rafinement d'esprit qui n'a
point d'exemple ; et comme les siècles précédens avoient été peu éclairés, et avoient
fourni par conséquent peu d'expériences intéressantes, et que d'ailleurs les sciences
mathématiques venoient à peine de naître,
ce rafinement d'esprit qui avoit besoin d'un
aliment n'en trouvant pas dans un monde
physique peu connu, rentra dans soi-même,

fouilla le cœur humain, et y fit éclore ce sentiment moral qui fut l'esprit général de toutes leurs sciences et de tous leurs arts.

Je remarque ici que dans l'idée qu'ils se firent de leurs dieux ils portèrent un tout autre esprit que les Égyptiens. Ils considérèrent leur Minerve comme la sagesse, et lui donnèrent en la représentant un air de sagesse; leur Hercule comme la force, en lui donnant un air robuste et nerveux. Chez les Égyptiens, pour figurer de pareilles divinités, on auroit mis sur un tronc de figure humaine une tête de chien, de lion, d'épervier, qui eût été le symbole de la sagesse ou de la force. Les Égyptiens portèrent dans les figures de leurs dieux cet esprit de symbole et de merveilleux, qui en fit des monstres déraisonnables; tandis que les Grecs, par les raisons que j'ai dites plus haut, ayant acquis des idées fortes de l'indépendance, d'une vertu mâle et agissante, de l'honneur, de l'amour de la patrie, passoient facilement par enthousiasme à la déification de leurs semblables, et n'admettoient par conséquent d'autre différence entre les dieux et les hommes qu'un degré de perfection: par-là ils devoient naturellement, en représentant Apollon , Minerve ou Vénus, tâcher de représenter les plus grandes beautés possibles ; et comme la plus grande pratique du sculpteur consistoit à représenter des divinités, il fut obligé par sa vocation de fouiller dans la nature , pour faire la recherche la plus scrupuleuse du beau , et pour la surpasser ensuite elle-même.

Les Grecs dans leurs exercices , leurs bains et leurs fêtes , avoient continuellement devant les yeux des figures nues dont les beautés se perfectionnoient encore par les exercices et par les bains; et remarquez, s'il vous plaît , que comme l'agilité et la force remportoient le prix dans tous ces exercices, il étoit bien naturel que les artistes, en choisissant une proportion générale pour leurs figures , donnassent le prix à cette proportion qui convient à la force et à l'agilité , c'est-à-dire, à la moyenne.

Vous verrez bientôt qu'un peuple qui commence par être copiste d'un autre, ne fera guère ce choix. C'est donc par nécessité que les Grecs , après avoir épuisé les beautés de la nature, sont parvenus à trouver ce beau idéal, suivant lequel ils ont produit tant de chef-d'œuvres inimitables. Une marque certaine que ces chef-d'œuvres sont de leur création, c'est leur excellence dans la composition des monstres. Voyez leurs centaures, leurs néréides, leurs satyres, qui sont tous de création grecque, et dites-moi si jamais aucun siècle, ou aucune nation, est allé jusqu'au médiocre dans ce genre, tandis qu'eux l'ont porté jusqu'à la plus grande perfection.

Pour ce qui regarde les Étrusques, il est indubitable, par un grand nombre de monumens qui nous restent d'eux, qu'ils ont été copistes des Égyptiens. Nous savons si peu de ce peuple, qu'il est impossible de conclure rien sur leurs arts, de leur histoire, de leur caractère, ou de leur état politique : mais il est également indubitable, qu'ils ont été très-policés, et qu'ils ont eu un goût distinctif, ce qui dit beaucoup pour un peuple : l'un et l'autre paroissent par leurs vases et par leurs pierres gravées, où ils ont apporté un soin infini. Quoiqu'on ne sache pas grand'chose de leur religion ni de leurs dieux, il paroît au moins, par les figures qu'on trouve sur leurs vases, que leur ciel n'étoit pas à beaucoup près meublé d'une façon aussi riante et aussi aimable que chez les Grecs, puisque ces figures ne représentent souvent que des monstres absurdes, et des compositions barbares, qui tiennent à une religion emblématique et superstitieuse. Il suit de là, qu'ils ne se trouvèrent pas dans la même nécessité de chercher le beau au-delà de la nature ; et d'ailleurs, travaillant d'après les ouvrages égyptiens, et les confrontant continuellement avec la nature, ils s'accoutumèrent à mesurer la distance entre ces ouvrages et la nature, et par conséquent à envisager la nature comme une borne et un terme de perfection au-delà duquel il n'y avoit rien. De-là s'ensuit qu'ils prirent l'imitation servile pour règle unique : ce qui paroît clairement par la sécheresse qui se remarque dans tous leurs ouvrages. Or, lorsqu'on a pour but l'imitation servile, on veut imiter les objets où il y a le plus à imiter ; c'est-à-dire, qu'on aimera mieux imiter un corps où les muscles paroissent, qu'un corps dont la peau seroit lisse et polie : aussi prirent-ils pour modèles des figures sèches et maigres, et par conséquent fort longues. Ce qu'ils ont gagné par le choix de cette proportion, c'est une connoissance d'anatomie vraiment admirable. Il ne faut

que l'une des deux magnifiques gravures qui
se conservent dans le cabinet du prince
d'Orange, pour vous en convaincre. Elle représente Achille qui s'incline pour prendre
son carquois : le fini n'a jamais été poussé
plus loin chez les Grecs que dans cette
gravure. Elle est mal rendue dans le livre
de l'illustre comte de Caylus, à qui elle ap-
partenoit autrefois. On a beaucoup parlé
encore de la beauté des vases étrusques, et
même de l'élégance de leur contour; mais en
examinant ces contours avec toute l'attention
requise, vous trouverez souvent que partout
il y manque quelque chose ; et c'est précisément là ce qui marque un esprit esclave,
copiste, borné et craintif.

Chez les Romains, en tant que copistes,
on ne trouve, en général, qu'un goût mêlé
du grec (*d*) et de l'étrusque ; mais le ton
qui me paroît régner dans les ouvrages qui
sont vraiment d'eux, semble tenir de la
gravité et de la sécheresse de leur caractère
du temps de la république. Vous voyez bien,
monsieur, que s'il s'agissoit de juger les Romains sur ce qui nous reste de leur art oratoire, de leur poésie et de leur architecture,
il faudroit les juger autrement; puisque ces

arts étoient plus analogues à leur état politique; c'est-à-dire, l'art oratoire dans les derniers temps de la république, et la poésie et
l'architecture sous les empereurs.

Pour ce qui regarde les Goths, j'ai bien
peu à vous dire. Ce qui nous reste de leur
sculpture, ressemble beaucoup au cheval
de l'enfant dont je vous ai cité l'exemple. En
parlant des arts je n'ai presque rien dit de
l'architecture : dans son principe elle est
une imitation (*e*), mais dans sa perfection
elle est toute de création humaine ; je n'en
fais mention que par rapport aux Goths,
puisque tout ce qui nous reste d'eux appartient presque uniquement à cet art. Pour
les juger là-dessus, on peut dire qu'ils ont
considéré un total seulement comme un assemblage de parties ; qu'ils ont orné, autant
qu'il leur a été possible, ces parties, et qu'ils
se sont imaginé d'avoir orné par-là le total.
C'est encore là le raisonnement de mon
enfant.

Après la décadence de l'empire romain,
c'étoit fait des arts, si l'abus qu'on fit de
notre religion en altérant sa simplicité et sa
pureté, n'avoit eu de quoi les faire renaître.
Les peuples qui venoient de dévaster l'Eu-

rope, n'avoient rien ni dans leur caractère, ni dans leur état politique, ni dans leur religion, qui dût les mener rapidement à la culture des beaux-arts. La religion chrétienne demandoit des temples et des images, mais ce n'étoient plus des Apollons, des Bacchus, ou des Vénus, qu'on avoit à représenter, c'étoient des morts en purgatoire, des saints à la torture, des pénitens ou des martyrs.

L'artiste grec, pour faire un Apollon, passa par le beau idéal les bornes de la nature, et représenta réellement des dieux, qui selon ses idées étoient représentables ; mais l'artiste chrétien avoit une idée si abstraite et si dégagée des sens de ces êtres divins qu'il devoit représenter, que toute imitation réelle étoit absurde, et par conséquent il ne lui restoit que de les représenter comme ils avoient été autrefois visibles sur la terre. Ce qui empêchoit encore plus l'artiste d'arriver seulement à la beauté de la nature, c'étoit l'esprit d'humilité chrétienne qui le mena, non à la vérité simple, mais à la vérité basse et populaire ; et comme il n'avoit à tout moment qu'à représenter des passions pour faire des martyrs, des pénitens et des mourans, il avoit besoin d'une connoissance plus ou moins bonne de l'effet des muscles. Des mendians affamés lui servirent de modèles, et s'accoutumant à étudier ces corps décharnés, pour en faire ses saints et ses martyrs, la proportion générale de ses figures devint excessivement longue, et le style de son travail sec; voilà la raison de cet air de ressemblance qui se trouve entre les bons ouvrages étrusques et les ouvrages des premiers temps de nos siècles de la renaissance des arts.

La sculpture exista donc à la vérité, mais avec un air plus triste et plus gêné qu'elle ne parut autrefois dans les beaux siècles d'Athènes.

Si nous suivons sa marche jusqu'au bout, nous verrons que la religion devenant politique, l'église puissante, et les prêtres rois, tous les arts qui avoient quelque rapport au culte devoient y gagner nécessairement. L'émulation devoit naître de la richesse, et il paroît vraisemblable que lorsqu'on commença à désirer le beau, on l'a cherché long-temps dans la richesse de l'ornement; mais l'ornement appliqué par des mains si peu habiles, ne fit pas partie de la chose ornée, et lorsqu'on compara ces choses ornées aux beautés simples des Grecs, le voile tomba.

On se mit à copier les Grecs. On imita leurs dieux en figurant des saints. On rendit à Apollon les rayons de sa gloire, et sous quelque autre nom il fut adoré de nouveau. L'imitation des anciens fit d'immenses progrès, et on peut dire que Michel-Ange, ce génie étonnant, qui, né à Athènes, auroit été digne d'elle et de Périclès, porta la sculpture jusqu'à un degré peu au-dessous de ce qu'elle étoit autrefois, lorsque dans toute sa splendeur elle faisoit les délices de la Grèce. Il ne faut pas chercher, à mon avis, ce degré de plus chez les Grecs dans l'expression des actions et des passions, puisqu'en cela les modernes ne cèdent rien à leurs maîtres, mais dans cette qualité déliée et facile du contour. Si vous m'en demandez la raison, je crois qu'on pourroit la trouver en grande partie dans l'esprit général de notre siècle, qui est l'esprit de symétrie, ou l'esprit géométrique, et qui à la vérité nuit autant à cette liberté hardie, qui est l'ame des arts, que l'esprit général du siècle des Grecs lui fut favorable. Pour finir le parallèle des artistes grecs et modernes, je vous prie de faire attention aux figures qu'on donne au

diable; c'est le seul sujet qui est véritablement à nous , et que nous n'avons pu
prendre chez les anciens. Nos artistes le trai-
tent de la façon la plus hideuse non - seulement , mais la plus ridicule. Si les Grecs
avoient traité le même sujet, ils lui auroient
donné une figure constante qui en auroit imposé, qui auroit intéressé , et qui auroit eu
les traits du Lucifer de Vondel ou de Mil-
ton. Il est vrai qu'en ceci les poëtes ont un
très-grand avantage sur le sculpteur et le
peintre , et cela pour deux raisons. Premièrement , en représentant le diable ils
peuvent donner dans le gigantesque , et
prendre des anciens les fils de la terre, les
cyclopes , les divinités infernales , etc. ; et
secondement , ils ont la faculté de le faire
agir, et c'est alors que l'énormité de ses actions et la grandeur des choses qui l'environnent , composent l'idée de cet être qui
combattit Michel dans les plaines des cieux.

C'est à présent, monsieur, que je vais envisager la sculpture plus particulièrement,
pour développer en quoi elle diffère des autres arts ; quelles sont les bornes que sa nature paroît lui prescrire, et quel choix elle
demande dans les sujets qu'elle doit traiter.

On la divise en deux parties , savoir la sculpture de ronde bosse et celle en bas-relief. La première seule fait un art à part. Elle représente parfaitement ce qu'elle veut représenter, en représentant tout le contour et toute la solidité du sujet. Elle satisfait à deux sens à-la-fois, au tact et à la vue. Il ne faut pas la considérer dans la plastique pour lui chercher ses bornes et ses principes. Dans la plastique on se sert de matières si faciles à manier, qu'on pourroit lui donner la même étendue de composition qu'à la peinture. Dans la peinture, je puis faire un tableau qui contiendra vingt riches compositions, qui toutes ensemble formeront une grande composition générale. Mais comme dans les ouvrages de sculpture on emploie ordinairement du métal, du marbre, ou quelque autre matière précieuse, et que d'ailleurs cet art exige un travail beaucoup plus considérable, et qu'il a bien d'autres difficultés à vaincre que la peinture, il ne pourra jamais s'étendre à autant d'objets [1]. La sculpture imite ordinairement les

[1] Il nous semble que c'est à une autre cause qu'on peut attribuer les limites dans lesquelles la sculpture se trouve renfermée, et que cette cause tient à l'essence

sujets dont elle s'occupe , en leur donnant leur grandeur naturelle ; quelquefois elle va au-delà : c'est donc le prix et la dureté de la matière qui l'obligent à chercher plus d'unité , et c'est ainsi qu'elle est bornée naturellement à la représentation d'une figure simple, ou d'une composition de peu de figures fort simplifiées. C'est donc l'unité ou la simplicité qui est en elle un principe nécessaire. Mais comme par sa nature les beau-

même de cet art. 1°. Des figures qui forment un groupe, ne présentent point à l'œil cet ensemble, ce tout qu'on trouve dans un tableau composé d'un bien plus grand nombre de figures. 2°. Comme la peinture ne se borne point à la simple représentation des figures , mais qu'elle étend aussi son empire sur tout ce que nous présente le monde sensible, comme le lieu de la scène, les objets accessoires , jusqu'au ciel même , elle peut produire une bien plus grande illusion que la sculpture , et son tout ensemble offre plus de vérité et d'action. — Elle peut donc plaire par l'impression qu'elle fait sur nous par les objets représentés même; tandis que la sculpture ne nous cause du plaisir que par l'impression que produit l'art d'imiter ces objets. —Lorsque c'est de l'action représenté que doit naître pour nous un sentiment agréable , il faut plusieurs figures ; mais une seule figure suffit, quand c'est de l'art d'imiter les objets que nous attendons ce sentiment.

(Note de M. Garve.)

tés de ses productions brillent de tous les
côtés, et dans tous les profils possibles, elle veut et doit plaire de loin autant que de près, et peut-être plus. Pour cette raison, je crois qu'elle devroit plus encore tâcher de perfectionner le *minimum* du temps que j'emploie à me faire l'idée de l'objet, par la facilité et l'excellence de ses contours, qu'à agrandir le *maximum* de la quantité d'idées par une expression parfaite des actions et des passions ; et cela étant, il s'ensuit que proprement le repos et la majesté lui conviennent. Pour ce qui est des sujets que la sculpture pourra traiter, il y a deux raisons qui en diminuent le nombre principalement. La première est que l'idée qu'une représentation quelconque me donne d'un sujet, doit être ou analogue ou conforme à l'idée que la faculté reproductive de mon ame m'auroit donnée du même sujet, si j'y avois voulu penser sans la représentation. La seconde est que la sculpture doit parler à la postérité la plus reculée, et, par conséquent, doit parler le langage de la nature: d'où il suit que plusieurs sujets tirés de l'écriture sainte, surtout ceux où il s'agit de l'Être Suprême,

comme aussi un grand nombre de qualités,
de vices ou de vertus personnifiés, et enfin,
toute draperie ou tout vêtement qui appartient à quelque siècle ou à quelque nation
en particulier, doivent être des sujets pros-
crits en sculpture.

Si donc l'unité ou la simplicité du sujet,
et la qualité facile et déliée du contour total, sont des principes fondamentaux en
sculpture; il faudra que le sculpteur, lorsqu'il veut parvenir le plus facilement à la
plus grande perfection dans son art, représente une seule figure. Il faudra qu'elle soit
belle, presqu'en repos, dans une attitude
naturelle; qu'elle se présente avec grace;
qu'elle soit tournée de façon que je voie
partout autant de différentes parties de son
corps, qu'il est possible, en même temps;
qu'il entre un peu de draperie dans cette
composition, qui serve à la rendre décente,
et dont les plis noblement ordonnés contri-
buent à augmenter le nombre de mes idées,
et à contraster avec le contour arrondi de
la chair; et pour rendre le contraste plus
frappant encore, que l'artiste y joigne quelque pièce de colonne, ou de vase, ou de
piédestal, dont la régularité fasse paroître

davantage la belle irrégularité de la figure ;
enfin, il faudra qu'avec toutes ces qualités,
le contour total dans tous les profils soit
à-peu-près de la même longueur, et en
même temps le plus court possible.

Si l'artiste veut donner dans le groupe,
qu'il choisisse un sujet qui en impose, et qui
ait de la majesté et de la grandeur ; que ses
figures, autant qu'il est possible, diffèrent
en sexe, en âge et en proportion ; que l'action soit une et simple , et que toutes les
parties du groupe aident à la renforcer ; que
dans tous les profils je voie autant de membres ou de pièces saillantes , dans une attitude naturelle , qu'il est possible. S'il veut
exciter de l'horreur, ou de la terreur, il
faut qu'il la tempère par la beauté de quelque figure piquante, qui m'attache, et que
jamais le dégoûtant ne fasse partie de son
sujet. Je me souviens d'avoir vu un groupe
qui représentoit Térée qui arrache la langue
à Philomèle. Quelle idée en sculpture ! Une
femme peut pleurer et être belle ; mais cette
action de Térée cause des contorsions qui
font peur. La peinture peut se servir quelquefois du dégoûtant pour augmenter l'horreur, puisque ses compositions sont assez

étendues pour le mitiger autre part ; mais dans les bornes d'un groupe de sculpture, il s'empare de tout. Dans le groupe d'Amphion, Dircé est charmante, quoiqu'attachée aux cornes d'un taureau. Enfin, que l'artiste soit peintre autant qu'il veut dans l'expression de l'action, mais qu'il soit sculpteur pour enrichir également, autant qu'il est possible, tous les profils, et qu'en mesurant le contour total de chaque profil, on les trouve tous à-peu-près d'égale longueur, et en même temps aussi courts qu'il est possible.

Vous direz que sur ce pied-là il n'y a presque point de grand groupe parfait en sculpture. Je le crois, et j'ose ajouter que les deux chef-d'œuvres de ces illustres Rhodiens, je parle du Laocoon et de l'Amphion, appartiennent beaucoup plus à la peinture qu'à la sculpture (f). D'ailleurs, on ne peut guère accuser les Grecs de ce défaut ; mais on peut dire que nos sculpteurs modernes sont trop peintres, comme apparemment les peintres grecs étoient trop sculpteurs.

Quant à la sculpture en bas-relief, elle est proprement un genre de peinture difficile. Si l'artiste, par exemple, veut représenter la sphère E, fig. D, sur le plan F,

Pl. I, et qu'il mette sur ce plan la moitié de la sphère, son imitation sera parfaite, et il sera sculpteur de ronde bosse ; mais il doit, comme on le voit en G, rendre par de faux contours les dégradations des ombres, causées par les vrais contours de la sphère véritable. Il faudroit une géométrie profonde, pour faire un morceau de quelque étendue dans ce genre ; car lorsque j'y mêle de vrais contours et des parties saillantes, je travaille en ronde bosse.

On ne trouve guère de véritables pièces en bas-relief que sur les médailles et les camées, ou sur les ouvrages de gravure en creux : ce dernier art ne se sert que d'un relief peu élevé, car aussitôt qu'on y veut exécuter des parties trop saillantes, on brouille ou on détruit la finesse du contour. Je sais bien que plusieurs artistes grecs, et parmi nous, Natter, Costanzi et autres, ont donné souvent dans cette erreur ; mais c'est lors qu'ils ont mieux aimé étonner par une exécution difficile, que plaire aux bons connoisseurs, en s'enfermant avec sagesse dans les bornes naturelles de leur art.

Comme cet art a été traité à fond par le comte de Caylus et par Mariette, et comme

votre collection, vraiment magnifique, vous
en a beaucoup plus appris que je ne saurois
vous en dire, je n'ai que trop abusé de votre
patience : je finis donc ma lettre, en vous
assurant du profond dévouement avec lequel je suis, etc.

REMARQUES.

Pag. 17 (*a*). Par exemple, Homère, en parlant dans l'Iliade du combat des Dieux dit :

> Ἀμφὶ δὲ σάλπιγξεν μέγας ὀρανὸς ὄλυμπός τε. . . . ,
> Ἔδδεισεν δ' ὑπένερθεν ἄναξ ἐνέρων, Ἀϊδωνεὺς·
> Δείσας δ' ἐκ θρόνε ἆλτο, καὶ ἴαχε, μή οἱ ὕπερθι
> Γαῖαν ἀναῤῥήξειε Ποσειδάων ἐνοσίχθων,
> Οἰκία δὲ θνητοῖσι καὶ ἀθανάτοισι φανείη
> Σμερδαλέ', εὐρώεντα, τά τε ϛυγέεσι θεοί περ.

« L'enfer s'émeut au bruit de Neptune en furie,
« Pluton sort de son trône, il pâlit, il s'écrie ;
« Il a peur que ce dieu, dans cet affreux séjour,
« D'un coup de son trident ne fasse entrer le jour ;
« Et par le centre ouvert de la terre ébranlée
« Ne fasse voir du Styx la rive désolée,
« Ne découvre aux vivans cet empire odieux,
« Abhorré des mortels, et craint même des dieux. »

Ne faut-il pas avouer que ce tableau admirable renferme le plus grand total possible ? En peu de lignes, Homère ne dépeint pas seulement les plus respectables parties de l'univers, mais il les met dans un mouvement terrible, et cela d'une façon très-naturelle. Il est vrai que vous trouverez dans Virgile et dans Homère même des tableaux plus finis, et peints avec plus de délicatesse ; mais aucun qui embrasse tant de grands objets à-la-fois. Ce sont des miniatures de la Rosalbe, placées auprès du dernier jugement de Michel-Ange.

Voici des compositions, à la vérité, beaucoup moins riches, mais qui frappent plus par la grande distance des idées intégrantes, qui se lient pourtant ensemble sans aucune peine.

Lucain, en parlant de César et de Pompée, dit :

> .... *Quis justius induit arma,*
> *Scire nefas : magno se judice quisque tuetur :*
> *Victrix causa diis placuit, sed victa Catoni.*

Voilà Caton et les dieux rapprochés les uns des autres sans aucune absurdité ni contradiction. Je ne puis pas me servir ici de la traduction de Brébeuf qui gâte ce beau morceau en voulant le renforcer. Il dit :

> « Les dieux servent César, et Caton suit Pompée. »

Lucain ne voulut que rapprocher Caton des dieux, ce qui est très-grand et très-sage ; mais Brébeuf commence par mettre les dieux fort au-dessous de César ; puis il met Caton à la suite de Pompée, et par conséquent hors d'action, ce qui jette une confusion horrible dans le tableau. Caton qui, dans Lucain, est la partie dominante devient chez Brébeuf la partie la moins intéressante, de toutes. J'ai pris expressément ce passage de Lucain, afin de le comparer avec un autre du même genre et du même auteur.

César, se trouvant près de Marseille, voulut qu'on coupât un bois sacré. Lucain, après avoir dépeint l'horreur sombre de cette forêt, qui étoit habitée par des démons si épouvantables,

> « Que le Druide craint en abordant ces lieux,
> « D'y voir ce qu'il adore, et d'y trouver ses dieux, »

dit que les soldats de César n'osant toucher à ces arbres, il prit lui-même une hache, et leur montra le chemin, en leur disant :

> *Credite me fecisse nefas. Tunc paruit omnis*

Imperiis non sublato secura pavore
Turba, sed expensa Superorum ac Cæsaris ira.

Ce morceau vaut encore mieux que l'autre. Dans le premier, en comparant Caton aux dieux, Lucain n'envisage que la façon dont ils jugent différemment une cause, ce qui ne fait que rapprocher deux idées, fort éloignées à la vérité; mais ici les soldats de César, mettant dans la balance la réalité des effets de sa colère, et de celle des dieux, ils trouvèrent celle de César plus terrible : ce qui est plus actif. D'ailleurs, dans le premier passage la chose reste indécise, et Lucain donne la peine d'un jugement fort difficile à son lecteur. Ce n'est que la réputation infinie de Caton qui rend ici le rapprochement des deux idées naturel; car, en mettant, au lieu de ce grand personnage, quelque nom peu connu, comme Pison, Milon, etc., la distance des deux idées en deviendroit plus grande, mais aussi Lucain manqueroit le but qu'il se propose dans ce vers; jamais il n'arriveroit à aucun rapprochement. Dans le second passage, ce sont des juges compétens qui décident la question, et pour rendre cette décision encore plus positive, Lucain se sert de la figure d'une balance, et par-là il semble que de nos propres yeux nous la voyons pencher du côté de César. Mettez au lieu de César le nom de quelqu'un de ses capitaines, ce passage fera encore plus ou moins d'effet. Je ne puis pas non plus me servir ici de la traduction de Brébeuf, où cette belle idée est pitoyablement estropiée. Il est absolument impossible que le sublime de cet ordre et de cette espèce se puisse traduire. Pour copier bien une chose, il faut non-seulement que je fasse ce qu'a fait le premier auteur de la chose, mais il faut encore que je me serve des mêmes outils et de la même matière que lui. Or, dans les arts où l'on se sert de signes et de paroles, l'expression d'une pensée agit sur la faculté reproductive de l'ame. Supposez maintenant l'esprit de l'auteur et du traducteur tourné de la même façon exactement, le dernier pourtant se sert d'outils et de matière totalement différens. Ajoutez à cela que la mesure, la volubilité du son, et le coulant d'une suite heureuse de consonnes et de voyelles, ont pris leur origine avec l'idée primitive, et font partie de son essence.

Pag. 24. (*b*). Dans la tragédie de l'Hécube d'Euripide, Talthybius vient chercher cette malheureuse reine, pour lui annoncer de nouveaux malheurs. Elle venoit de perdre son mari, ses enfans, sa couronne, sa patrie et sa liberté. Talthybius la demande à ses femmes, qui la lui montrent couchée par terre sur le dos, et la tête enveloppée dans un linge. Talthybius saisi d'horreur à ce spectacle, dit : ὦ Ζεῦ, τί λέξω; ὁ *Jupiter, que dirai-je!* Cette esquisse fait sentir au vif le néant de la condition humaine, sans que Talthybius eût besoin de le renforcer par une impiété en ajoutant :

> . . . . πότερά σ' ἀνθρώπυς ὁρᾷν;
> Ἦ δόξαν ἄλλως τήνδε κεκλῆσθαι μάτην
> Ψευδῆ, δοκῦντας δαιμόνων εἶναι γένος,
> Τύχην δὲ πάντα τ'αν βροτοῖς ἐπισκοπεῖν;

« Dirai-je, Jupiter, que tu te mêles des affaires des « hommes; ou bien le hasard gouvernant l'univers, « l'opinion de l'existence des dieux est-elle une er- « reur? » Je prends cet exemple, parce qu'Euripide a trouvé bon d'y donner l'esquisse et le tableau en même temps.

Pag. 27 (*c*). Il y a des objets dont tous les contours

sont équivoques, et qui néanmoins plaisent infiniment. Ce sont les bons ouvrages en mosaïque, et qui sont pour la plupart des développemens de polyëdres. On peut les comparer à un concert de musique; et ce ne sont pas tant des compositions de parties, que des compositions de tous. Dans cette espèce d'ouvrage, chaque partie peut être partie principale, et tient à plusieurs tous différens, réguliers et parfaits, et le mouvement le plus imperceptible de l'œil fait changer l'idée du tout; ce qui produit une richesse étonnante d'objets.

Pag. 41 (*d*): Dans ce mélange l'étrusque domine; mais on pourra remarquer encore un autre mélange du grec et de l'étrusque dans les ouvrages des Siciliens, où le grec domine de beaucoup.

Pag. 42 (*e*). Les hommes, ayant besoin de se garantir des injures dé l'air, d'un soleil ardent ou d'un froid excessif, n'avoient que deux moyens pour y parvenir; savoir, de se cacher dans des cavernes, ou de se refugier sous le feuillage épais des arbres. Il est naturel que, perfectionnant leurs idées, multipliant leurs plaisirs, leurs désirs et leurs besoins, et voulant enfin une architecture, ils dussent prendre un de ces moyens pour modèle; il est naturel encore que dans les climats où les seules cavernes pouvoient suffire à les défendre des ardeurs du soleil ou des rigueurs de l'hiver, les cavernes devinssent le principe de l'architecture, d'où naquirent les huttes des Hottentots et des peuples du Nord, et enfin les pyramides d'Egypte; et que dans les climats tempérés, où l'ombre du feuillage garantissoit assez d'une chaleur incommode, les hommes y prissent ces arbres pour le principe de leur façon de bâtir ; et lorsqu'on veut suivre la marche qu'ils devoient tenir naturellement, on verra qu'à bien peu de frais la nature leur fournit les idées sublimes de la belle architecture , et même leur apprit la distinction de toutes les parties des différens ordres.

Pag. 52. (*f*). Il faut pourtant remarquer que dans les groupes ou statues en ivoire , qui sont petites, il est permis d'être un peu plus peintre , parce qu'on les voit de plus près , et par conséquent on y fait agir davantage l'expression ; et d'ailleurs, en parlant des groupes de Laocoon et d'Amphion , je les considère comme appartenant uniquement à la sculpture de ronde bosse. En les considérant comme ayant été construits pour décorer des niches , ils approcheront du genre des bas-reliefs, et par conséquent de la peinture , et c'est alors qu'on devra les juger presque uniquement sur les principes de cet art, puisque la grande distance que ces deux pièces demandent pour être vues , ne donne presque pour point de vue qu'un seul point.

LETTRE

SUR

LES DÉSIRS.

.... Propria rate pellimus undas.
MANILIUS.

AVERTISSEMENT

D E

L'ÉDITEUR.

Quelques personnes ayant fait assez d'accueil à une petite brochure qui a paru depuis peu sous le titre de *Lettre sur la Sculpture*, on en donne ici la suite, d'après une copie de la main de l'auteur, sous le titre de *Lettre sur les Désirs*.

On a suivi l'original avec la dernière exactitude, tant pour les dessins des vignettes que pour l'orthographe; et assurément l'auteur n'aura pas à se plaindre à cet égard.

Au reste, on se flatte que cette pièce,

trop courte pour ennuyer, amusera par un ton philosophique, assez conforme au goût du siècle.

LETTRE

SUR

LES DÉSIRS,

A M. DE SMETH.

———

Dᴀɴs la lettre, monsieur, que j'eus l'honneur de vous adresser sur la sculpture, il y a quelque temps, je vous avois promis de vous écrire touchant une propriété de l'ame, qui, après une longue contemplation d'un objet désiré, fait naître le dégoût.

Je m'acquitte de ma promesse d'autant plus volontiers, que celle-ci servira, en quelque sorte, de suite et d'éclaircissement à ma précédente.

La propriété dont il s'agit ici est fort analogue à la force attractive que nous observons constamment dans ce que nous appelons matière. Mais avant que de passer à la recherche de cette propriété, il faut que je vous avoue ma parfaite ignorance de ce que c'est que matière; en ajoutant, qu'il ne me paroît guère probable qu'elle soit ce que nos physiciens rigides nous font accroire; puisque les idées des attributs que nous lui supposons, ne résultent que du rapport qui se trouve entre quelques effets et nos organes.

Je crois vous avoir prouvé, dans ma précédente, que l'ame cherche toujours le plus grand nombre d'idées possible dans le plus petit espace de temps possible, et que ce qui l'empêche de se contenter à cet égard, réside dans la nécessité où elle se trouve de se servir d'organes et de moyens, et d'agir par succession de temps et de parties.

Si l'ame pouvoit être affectée par un objet sans le moyen des organes, le temps qu'il lui faudroit pour s'en faire l'idée seroit réduit exactement à rien.

Si l'objet étoit tel, que l'ame pût être affectée par toute la totalité de l'essence de cet objet, le nombre des idées deviendroit absolument infini; et ces deux cas supposés ensemble, la totalité ou la somme de ces idées représenteroit sans moyen, et sans aucune succession de temps ou de parties, toute la totalité de l'objet; ou plutôt, cet objet seroit uni de la façon la plus intime et la plus parfaite à l'essence de l'ame; et c'est alors qu'on pourroit dire, que l'ame jouit de la façon la plus parfaite de cet objet.

Si je suppose l'ame et l'objet deux substances homogènes, la jouissance pourra être réciproque et parfaite, c'est-à-dire, que les deux substances feront tellement une seule substance, que toute idée de dualité sera détruite; et, en vérité, si on suppose deux substances homogènes ou hétérogènes, douées de certains attributs, tous les rapports de ces deux substances ensemble ne me donnent pas encore l'idée qu'on attache au mot de jouir; et pour que l'on conçoive que ces deux substances jouissent récipro-

quement l'une de l'autre, il faut les supposer unies, et ne faisant qu'un être ensemble.

Ainsi, le but absolu de l'ame, lorsqu'elle
désire, est l'union la plus intime et la plus
parfaite de son essence avec celle de l'objet
désiré. Mais comme dans l'état actuel où
l'ame se trouve, il lui est presqu'impossible
de tendre vers cette union si ce n'est par le
moyen des organes, il lui est également
impossible de parvenir à la jouissance parfaite de quoi que ce puisse être.

Pour les objets que l'ame peut désirer, ils
sont ou homogènes ou hétérogènes à son
essence; et la vivacité des désirs, ou plutôt
le degré de la force attractive, se mesurera
constamment par le degré d'homogénéité
de la chose désirée; et ce degré d'homogénéité consiste dans le degré de possibilité
de la parfaite union.

Par exemple, on aimera moins une belle
statue que son ami, son ami que sa maîtresse, et sa maîtresse que l'Être-Suprême.
C'est par-là que la religion fait de plus
grands enthousiastes que l'amour, l'amour
que l'amitié, et l'amitié que ce désir pour
des choses purement matérielles.

Lorsque je contemple une belle chose

quelconque, une belle statue, je ne cherche en vérité que d'unir mon être, mon essence, à cet être si hétérogène ; mais après
bien des contemplations, je me dégoûte de
la statue, et ce dégoût naît uniquement de
la réflexion tacite que je fais sur l'impossibilité de l'union parfaite.

Cette expérience, qui est très-vraie, et
qui sera peut-être encore éclaircie dans la
suite, n'est, à la vérité, bien intelligible
qu'aux ames qui, heureusement ou malheureusement, joignent le tact le plus fin et le
plus exquis à cette énorme élasticité interne
qui les fait aimer et désirer avec fureur, et
sentir avec excès ; c'est-à-dire, à ces ames
qui sont ou modifiées ou placées de telle
façon que leur force attractive trouve le
moins d'obstacles dans sa tendance vers le
but.

Dans l'amitié, l'impossibilité de l'union
paroît moins grande ; et dans l'amour, la
nature nous trompe un instant ; mais le dégoût qui suit montre, avec évidence, l'imperfection de l'union si complète en apparence [1].

---

[1] *Omne animal triste post coïtum.*

Dans l'amour de Dieu, c'est-à-dire, dans la contemplation mentale du Grand Être, il ne sauroit y naître du dégoût, puisque nous ne nous apercevons pas d'une impossibilité absolue de l'union désirée. L'homogénéité paroît parfaite. Nous connoissons son existence, ou par le sentiment interne qu'il a mis dans notre ame, ou très-assurément par des démonstrations exactes et à toute épreuve. Pour ses attributs, c'est notre raison, et souvent notre imagination qui les crée [1]; mais en considérant cet être immense en philosophe, c'est un être simple et infini.

Voyons encore, s'il vous plaît, les purs effets de la nature dans les grandes passions. Ce n'est pas sans doute une invention des hommes; ce n'est pas de l'éducation que nous avons appris à embrasser nos parens et nos amis, à les serrer dans nos bras avec une force proportionnée à notre amour. Voyez cette tendre mère avec son enfant sur les genoux; voyez comme elle le presse

[1] Ὥσπερ δὲ καὶ τὰ εἴδη ἑαυτοῖς ἀφομοιῦσιν οἱ ἄνθρωποι, ὕτω καὶ τὺς βίυς τῶν Θεῶν. L'homme attribue aux dieux ses mœurs et ses coûtumes, comme il leur attribue sa figure. *Aristot. Polit.*

contre son sein, comme elle l'inonde de bai-
sers [1]. Examinez bien le mécanisme de ce
baiser, si admirablement dépeint par Lucrèce, et vous verrez que l'ame cherche tous
les moyens de s'unir essentiellement avec
l'objet qu'elle désire.

Je crois qu'il est assez évident, par ce que
je viens de dire, que le désir de l'ame est
une tendance vers l'union parfaite et intime
avec l'essence de l'objet désiré ; et ensuite,
que l'ame tend proprement vers l'union parfaite et intime avec tout ce qui est hors
d'elle [2] ; c'est-à-dire, que sa qualité attractive est universelle [3], comme elle l'est dans
chaque partie de ce que nous appelons matière, et que par conséquent elle désire toujours ; car lorsqu'on aura mis un obstacle
invincible à sa tendance vers son but le plus
désiré, elle tendra tout de suite vers un ob-

[1] *Et tenet adsuctis humectans oscula labris.*

[2] Τῦ ὅλꙟ ꙟν τῇ ἐπιθυμίᾳ καὶ διώξει Ἔρωϛ ὄνομα. La
concupiscence et la poursuite du tout s'appelle amour,
dit Aristophane dans le *Symposium* de Platon.

[3] *Inest ingenio humano motus quidam arcanus,
et tacita inclinatio in amorem aliorum qui si non in-
sumatur in unum vel paucos, naturaliter se diffun-
dit in plures.* Baco Verulam.

jet moins désiré. Denys se plaisoit encore à Corinthe.

Nous avons vu, en général, que l'ame tend à l'union avec tout ce qui est hors d'elle, et qu'elle désire toujours l'objet avec lequel cette union est le moins impossible.

Maintenant il s'agiroit d'une recherche extrêmement curieuse, savoir, de celle des moyens par lesquels l'ame fait agir cette tendance pour tâcher d'arriver au but qu'elle se propose.

L'ame, qui est éternelle par son essence, qui répugne à tout rapport avec ce que nous appelons succession et durée [1], habite un corps qui paroît fort hétérogène à la nature de l'ame ; sa liaison avec ce corps est très-imparfaite ; car dans le temps que vous lisiez ces lignes, et avant que je vous en avertisse, vous n'aviez aucune perception, aucune idée quelconque de vos jambes, de vos bras, ou d'autres parties de votre corps, et la non-existence de toutes ces parties n'auroit fait pour le moment aucun changement quel-

---

[1] Cette assertion est une suite nécessaire de la propriété démontrée dans la *Lettre sur la Sculpture;* mais elle se démontre d'une façon directe, comme je le ferai voir ailleurs.

conque au *vous* qui pense. Après mon avertissement, votre ame ira faire la revue de
vos membres, et, si vous y prenez bien garde, assez en désordre, ne sachant trop où
elle ira la première.

La connoissance que l'ame a de son corps
n'est pas supérieure à celle qu'elle a de tous
les autres corps qui l'environnent; car elle
n'en a aucune idée que par l'action extérieure du corps sur ses propres organes.
Pour les sensations intéricures, elles tiennent à la nature de l'ame, et nullement à la
nature du corps : ce ne sont tout au plus
que les modifications du corps qui causent
ces sensations.

Le corps est presque aussi étranger à l'ame
que tout autre corps, en tant qu'il exécute
la volonté de l'ame; car en prenant un bâton à la main, l'effet de la velléité de l'ame
se manifeste aussi bien au bout du bâton
qu'au bout des doigts.

En tant que le corps est le véhicule de
la matière moyenne, qui transmet quelque
action d'un objet extérieur à l'ame, pour
qu'elle se forme l'idée de l'objet, le corps
est un instrument passif dont l'ame doit se
servir.

Voilà le tableau du composé de l'homme. Mais ce qu'il y a de plus admirable dans ce composé, c'est d'un côté la faculté de produire, par le moyen des deux sexes, un composé qui lui ressemble; et de l'autre, celle de pouvoir régler cette force, non en l'anéantissant, ou en diminuant son intensité (ce qui seroit impossible), mais en rendant son action plus difficile par des obstacles, et en la détournant par là d'un objet vers un autre objet.

Cette divine faculté est la base de toute morale; et si, pour un moment, on la compare à ce que nous appelons inertie dans la matière, on soupçonneroit presque que l'idée que nous nous faisons communément de cette inertie [1], dont l'énergie pourtant doit contre-balancer toute la force attractive de l'univers sensible, est bien peu juste.

Mais retournons aux moyens dont l'ame

[1] Cette inertie fait plus que contre-balancer les forces attractives de l'univers sensible : car c'est le surplus de sa force par-dessus celle de cette attraction qui constitue le principe génératif de l'univers ; c'est le surplus de la force de la faculté directrice dans l'ame par-dessus celle de sa force attractive, qui constitue les êtres moraux, la morale et la vertu.

peut se servir pour approcher de cette union désirée. Il y en a deux surtout qui méritent à plusieurs égards d'être approfondis : l'un physique, l'autre intellectuel.

Il n'y a personne parmi ceux qui se mêlent de réfléchir et de penser, qui ne soit convaincu, par sa propre expérience, de la correspondance singulière qu'il y a entre les parties de la génération et de nos idées, combien de certaines idées causent de changement dans ces parties, et combien promptement un changement contraire dans ces parties fait évanouir ces idées.

Je ne conclurai rien de cette singulière défaillance, qui fixe le moment de l'union du mâle et de la femelle. Je dirai seulement que de tous les moyens physiques dont l'ame se sert dans sa tendance vers une union d'essence, c'est celui-là qui non-seulement la mène beaucoup plus loin que tout autre qu'elle voudroit tenter, mais encore (ce qui est bien remarquable) c'est celui qui se manifeste le plus dans tous ses désirs. J'en appelle à ces jeunes et vigoureux fanatiques, dont les passions en religion, en amour, en amitié, ou dans ce désir pour des choses purement matérielles, sont extrêmes; et je gage que tous, si jamais ils ont réfléchi dans leurs momens de ferveur, quelle qu'ait été l'espèce de leurs désirs, ils s'en sont ressentis plus ou moins dans ces parties, où Platon déjà avoit placé le siége de la concupiscence.

Pour vous prouver la vérité de cette observation, considérez, je vous prie, les fous abus de toute espèce que la corruption des mœurs a fait dans tous les siècles de ce moyen, auquel l'Etre Suprême peut paroître avoir confié la suite de la création.

Je parle non-seulement de la pédérastie, et de ces monstrueux mélanges d'hommes et d'animaux qui se font dans ces climats dont le physique excite le plus ce moyen; mais aussi de ces étranges fureurs d'une volupté effrénée sur le marbre et le bronze, comme Pline et d'autres nous le rapportent [1].

Je ne disconviens pas de la brutale extravagance de ces abus; mais du moins est-il évident que ces abus naîtroient naturellement de cette force attractive universelle,

(1) Ἐπεὶ καὶ ἀγαλμάτων καλῶν ἀκὼ πολλὰς ἐρασὰς γενέσθαι, μὴ μόνον τῶ δημιεργῶ τὴν τέχνην μὴ βλάπτονlας, ἀλλὰ καὶ τῷ περὶ αὐτὰ πάθει τὴν ἔμψυχον ἡδονὴν τῷ ἔργῳ προσliθέντας. *Julian. Jamblicho Philos.*

si l'ame n'avoit en même temps la faculté de régler cette force; ou si, par corruption ou imbécillité, elle en abandonnoit les rênes.

Pour le second moyen, qui est intellectuel, suivons la même méthode, et tâchons de le découvrir dans les expériences les plus communes.

Lorsqu'on entre dans un cercle de plusieurs personnes également inconnues, ordinairement il y en a une à laquelle on s'adresse, à côté de laquelle on se met, et avec laquelle on lie la conversation préférablement à toutes les autres. La raison du choix qu'on fait de cette personne, est dans le principe du plus grand nombre d'idées dans le plus petit espace de temps; et celle de la liaison, dans le principe de la force attractive. Nous nous entretiendrons avec cette personne sur toutes sortes de sujets. Nous tâcherons de la considérer d'autant de côtés qu'il nous sera possible; et prévenus déjà par le premier principe, que sa figure, le son de sa voix, son maintien a fait agir, nous lui parlerons de quelques affaires qui nous regardent, ou sur la façon dont nous pensons en particulier sur des choses connues. Si cette personne pense de même, et plus encore si elle fortifie notre façon de penser par de nouvelles raisons, l'homogénéité se manifeste. Si elle pense différemment, nous tâchons ou de penser comme elle, ou de la faire penser comme nous. Ensuite nous lui parlons de nos passions, de nos désirs, enfin de notre situation morale. Elle nous aide, elle nous console, elle nous juge; et comme très-assurément elle se trouve dans une situation différente de la nôtre, elle nous donne des vues nouvelles sur les choses qui nous regardent le plus. Nous suivons ces vues, et nous nous en trouvons bien.

Voilà le cours ordinaire d'une liaison qui se change en amitié.

Ajoutez à ceci l'empressement d'une personne qui travaille à perfectionner son homogénéité avec son chien ou avec quelque autre animal favori; et voyez par quelles caresses elle lui paie un mot bien compris, ou l'acquisition de quelque idée en commun avec lui.

Il est évident par ce que je viens de dire, que le second moyen de tâcher à parvenir à une union d'essence, consiste à rendre l'objet désiré plus homogène, et à le rendre sensible pour nous d'un plus grand nombre de côtés; c'est à-dire, à augmenter la possibilité de l'union désirée.

Il est encore évident, que plus ces amans ou ces amis seront parfaits, leurs connoissances étendues, leurs mœurs épurées, leurs ames fortes et élevées; plus cette attraction sera vive, et plus ils parviendront à se perfectionner mutuellement par un mutuel intérêt.

Voilà le précis du tableau que Socrate donne de l'amour dans le Banquet de Xénophon. La sainteté de Socrate le met avec les siens à l'abri des blasphêmes de quelques poëtes impurs. Mais il ne sera pas hors de propos d'éclaircir encore en peu de mots les idées que nous nous formons de l'amour ou de l'amitié chez les Grecs.

L'amour et l'amitié avoient à-peu-près la même signification chez eux que chez nous; mais leur tact ou leur sensibilité extrême donnoit à toutes leurs passions et à tous leurs désirs une intensité que nous ne saurions concevoir, et par conséquent à leurs vertus et à leurs vices un éclat qui nous éblouit.

Cette sensibilité se manifeste d'abord dans

leur langue, qui est sans comparaison la plus polie, la plus raffinée, et faite pour crayonner les traits les plus fins, et peindre les nuances les plus délicates de nos idées.

Il s'agit de développer maintenant les raisons de la grande différence qui se trouve entre leur tact ou sensibilité, et la nôtre. Il y en a deux : l'une paroîtra en confrontant l'esprit de leur législation avec celui de la nôtre ; l'autre réside dans une chose qui nous est tout-à-fait particulière.

On peut considérer l'homme de deux façons différentes : comme individu, et comme membre d'une société.

La religion, qui résulte proprement du rapport [1] de chaque individu à l'Etre Su-

[1] La connoissance de ce rapport dépend ou d'une révélation que Dieu daignera faire à chaque individu, ou de la perception ou de l'opinion de chaque individu, c'est-à-dire, de la manière dont il sentira son rapport. Et comme il nous paroît presque impossible qu'il y ait deux individus exactement modifiés de la même façon, il doit nous paroître également impossible qu'il y ait deux rapports de deux individus à l'Être Suprême exactement égaux, et par conséquent qu'il y ait un seul rapport général d'un certain nombre d'individus à Dieu, composé des différens rapports de chacun de ces individus à Dieu.

prême, et dont le but est le plus grand bien de chaque individu, n'avoit rien de précis chez les Grecs : le polythéisme en faisoit un objet de cérémonie et de parade.

La vertu civile, qui est la faculté qui dirige les actions de chaque individu vers le plus grand bien de la société, étoit donc la seule et unique chose qu'on avoit à perfectionner.

Les législateurs, quoique convaincus pour la plupart de l'existence nécessaire d'un seul Dieu créateur, voyoient bien pourtant qu'une société [1] n'étoit qu'une machine de création humaine, et par conséquent, qu'elle ne sauroit avoir d'autre rapport à Dieu que celui d'un automate ou d'une pendule. Ils composèrent ces automates pour le plus grand bien, en modifiant les facultés directrices de tous les individus à leur fantaisie. Ils laissèrent cette espèce de religion à sa

[1] On n'entend pas ici *la société* qui dérive de la faculté sociale de l'homme, c'est-à-dire, de cette force attractive qui le mène naturellement vers ce qui lui est le plus homogène, en quelque façon ; mais on entend ici une société particulière, un état politique, une modification particulière d'une partie de la société générale.

place, et s'en servirent quelquefois avec dex-
térité ; croyant d'ailleurs qu'en hantant avec
les dieux le peuple y gagneroit au moins une
certaine élévation. De-là s'ensuivit qu'on
devoit laisser à chaque individu une certaine dose de liberté, pour diriger lui-
même ses actions vers le plus grand bien de
la société ; et par conséquent il devint partie plus ou moins respectable de l'état. Enfin, son plus grand bien particulier coïnci-
doit, en quelque façon, avec celui de la société ; et se voyant soi-même l'image de l'état,
toutes ses facultés se multiplièrent : ce qui
produisit nécessairement l'activité, l'industrie, l'ambition, et, ce qui plus est, ce vi-
vifiant et enthousiaste amour de la patrie.

Chez nous, qui jouissons d'une religion
révélée, l'individu devint sûr de son éternité. Son rapport à Dieu fut plus défini et
plus connu ; mais son but changea de nature. Il vit bientôt que son plus grand bien
ne sauroit se trouver dans un monde qui
existe par succession ; et le législateur voyant
par-là la vertu civile un peu affoiblie, crut
y remédier en la mêlant avec la religion.

La société, ou le gouvernement qui la représente, qui n'a de droit que sur les ac-

tions de l'individu comme causes nécessaires
de certains effets déterminés, entama ses in-
tentions, ses méditations, et toutes les modifications de sa velléité, qui appartiennent
uniquement à son rapport à Dieu; et l'individu, au contraire, ne vit plus dans ses
actions que les simples effets de sa velléité,
sans considérer leur rapport avec la société.
La religion et la vertu civile, qui auroient
dû rester séparées, s'affoiblirent réciproquement; et la liberté interne de l'homme,
une fois entamée et flétrie, fit naître l'inac-
tivité et l'abrutissement.

L'autre raison de cette grande sensibilité
des Grecs en comparaison de la nôtre réside en ceci.

De notre ancienne chevalerie naquit le
point d'honneur, qui donna le jour à une
espèce de cérémonial d'homme à homme;
monstre singulier, composé bizarre du faste
asiatique et de l'esprit d'humilité chrétienne, qui fit, à la vérité, que les masses, qu'il
couvroit comme une atmosphère, se cho-
quèrent moins, mais aussi qu'on se vit à
travers un nuage.

Une marque certaine que ces deux réflexions sont plus ou moins fondées, c'est que

les hommes, devenant plus éclairés, com-
mencent déjà d'un côté à séparer la religion
de la vertu civile, et de l'autre à jeter cette
espèce de politesse, comme une arme défen-
sive qui gêne par sa pesanteur.

Enfin, cette sensibilité extrême des Grecs
fit plus agir en eux et le principe attractif,
et celui du plus grand nombre d'idées dans
le plus petit espace de temps. Ils cherchè-
rent à la vérité, et se flattèrent de trouver
les plus grands talens et les plus grandes vertus dans les corps les plus beaux; ce qui souvent étoit vrai chez eux, et dut l'être par la
nature de leur éducation. D'ailleurs, cette
idée étoit fort naturelle; car ils ne pouvoient
penser à aucune de leurs divinités, ni à aucun de leurs héros, sans avoir l'idée d'une
beauté parfaite dans son genre.

Il faut que l'utilité qui résultoit de la coagulation de ces ames si fortes, si éclairées
et si actives, et qui s'observoient de si près,
fût bien considérable, puisqu'on voit chez
ces peuples des législateurs même qui souvent ont bien voulu courir le risque des
abus du premier moyen, pour ne pas perdre le fruit de l'autre.

Je crois, monsieur, vous avoir prouvé,

que l'ame cherche naturellement d'unir son essence de la façon la plus parfaite et la plus intime avec l'essence de l'objet qu'elle désire, ou plutôt qu'elle veut être ce qu'elle désire : ce qui ressemble beaucoup à la nature de la faculté attractive que nous voyons incontestablement dans la matière.

En vérité, tout ce qui est visible ou sensible pour nous, tend vers l'unité ou vers l'union. Pourtant tout est composé d'individus absolument isolés; et nonobstant cette belle apparence d'une chaîne d'êtres étroitement liés, il paroît clair que chaque individu existe pour exister, et non pour l'existence d'un autre (a).

J'en conclus, que le tout visible ou sensible se trouve actuellement dans un état forcé, puisque, tendant éternellement à l'union, et restant toujours composé d'individus isolés, la nature du tout se trouve éternellement dans une contradiction manifeste avec elle-même.

Si donc le tout se trouve dans un état forcé, il faudra en conclure nécessairement, qu'il y a un agent qui le fait tendre vers l'union, ou qui par sa force et sa nature l'a divisé en individus.

Tout tend naturellement vers l'unité. C'est une force étrangère qui a décomposé l'unité totale en individus; et cette force est Dieu.

Il seroit de la plus extravagante démence de vouloir pénétrer jusqu'à l'essence de cet être impénétrable : mais de la division du tout en individus suit nécessairement une coëxistence de parties; et toute coëxistence est nécessairement la source de rapports, et par conséquent de lois inaltérables.

Il seroit à souhaiter qu'on pût parler avec autant de vraisemblance, d'un côté sur l'inertie dans ce que nous appelons matière, et de l'autre sur cette liberté interne qui gouverne, en quelque façon, la faculté attractive de l'ame.

J'ai l'honneur d'être, etc.

REMARQUE.

*P*ag. 85 (*a*). *Chaque individu existe pour exister,
et non pour l'existence d'un autre.* Ce qui est sensible
même à la vue, en confrontant les productions de
l'art avec celles de la nature. Ce qui est l'ouvrage de
l'art, n'est que le résultat des rapports désirés dans
un assemblage de choses avec nos organes, ou avec
notre façon d'apercevoir ou de sentir. Ce qui est l'ouvrage de la nature, est le résultat de son αὐτἀρκίια,
c'est-à-dire, de sa suffisance à exister, et par conséquent un total déterminé et parfait. Dans les ouvrages
de l'art, tous les rapports, excepté ceux qu'on a désirés dans l'ouvrage, et qui ont été le but et l'origne
de ces ouvrages, sont isolés, foibles, obscurs, im-
parfaits ou équivoques. Dans les ouvrages de la nature, tous les rapports, sans exception, sont parfaits
et déterminés, comme dérivant de la coëxistence
complète et déterminée de deux substances absolument finies et parfaites, et ayant en soi la force de
pouvoir exister. Pygmalion, en quittant le temple de
la déesse, trouva chez lui de quoi se convaincre de
cette vérité.

> . . . . *Oraque tandem*
> *Ore suo non falsa premit. Dataque oscula virgo*
> *Sensit : et erubuit, timidumque ad lumina lumen*
> *Attollens, pariter cum cœlo vidit amantem.*
>
> O v i d. Métamorph.

REMARQUE GÉNÉRALE.

Voici tout le raisonnement en raccourci.

Tout objet visible, sonore, etc., dont l'ame peut se faire une idée par le moyen des organes, est supposé un total composé de parties.

L'affection que l'ame a d'un objet quelconque, est l'effet de l'action de l'objet sur l'ame.

Cette action se décompose, comme toute action, en intensité et en durée.

L'intensité est mesurée par la quantité des parties de l'objet qui peuvent affecter l'ame.

La durée est mesurée par le temps que l'organe emploie à donner à l'ame l'idée du total de l'objet, ou de la modification de cet objet, en tant qu'elle est analogue à la construction de l'organe.

Ainsi, de deux objets dont les intensités seroient égales, l'action la plus forte sur l'ame sera produite par l'objet dont l'organe pourra rendre l'idée à l'ame dans le plus petit espace de temps ; et l'on trouve par l'expérience que c'est précisément l'objet que l'ame choisira des deux.

L'ame choisiroit donc cet objet dont elle pourroit acquérir l'idée dans le plus petit espace de temps.

Par conséquent, l'ame désireroit le plus, parmi les objets visibles, un point lumineux, presque imperceptible par sa quantité visible ; parmi les objets sonores, un son aigu, presque imperceptible par sa durée, etc.

Mais l'ame désire aussi les compositions, les orne-mens; la quantité d'idées autant que possible.

Par conséquent, l'ame veut le plus grand nombre d'idées, dans le plus petit espace de temps possible.

Mais supposons que le temps que l'ame doit employer à acquérir des idées, soit réduit à rien, il s'ensuit que l'ame est également distante de toutes les parties de l'objet, ou également présente à toutes ces parties.

Supposons encore que la quantité des idées que l'ame peut acquérir d'un seul objet, devienne absolument infinie, il s'ensuit que dans l'infinité des idées de toutes les modifications, de tous les rapports internes et externes de l'objet, est comprise l'idée de propre existence, ou la conscience.

Or, si d'un côté l'ame est également présente à toutes les parties de l'objet, et que de l'autre l'ame reçoit l'idée de propre existence ou la conscience de l'objet; il s'ensuit que l'ame seroit unie intimément à cet objet, ou plutôt feroit un seul tout avec cet objet sans aucune dualité.

Mais, dira-t-on, si un être pensant, par-là même qu'il a des idées claires de tous les rapports internes et externes de l'objet, et parmi ces idées celles de propre existence, est parfaitement et intimément lié avec l'objet; il sensuit que Dieu, qui a les idées des objets d'une façon aussi parfaitement intuïtive qu'on la suppose ici, sera identifié avec les objets : ce qui est absurde.

En premier lieu, je pourrois disputer sur le degré de force qu'on a le droit de donner aux argumens qui mènent à l'absurde.

En second lieu, je pourrois remarquer que l'absurdité de l'identification de Dieu avec l'objet, réside exactement dans l'impossibilité ou dans la contradiction manifeste qui se trouve dans une identification de celui qui fait et qui conserve, avec ce qu'il fait et ce qu'il conserve.

Mais supposons, du moins aussi long-temps qu'il ne se développe pas d'autres rapports entre les parties de l'univers que ceux que nous connoissons; supposons, dis-je, l'actualité de cette union parfaite, ou plutôt de cette identification, impossible ou absurde; il est clair pourtant que l'ame dans ses désirs tend, par sa nature, vers cette union, ou désire une approximation continuelle. C'est l'hyperbole avec son asymptote; et voilà tout ce que j'ai voulu démontrer dans cette recherche sur la nature des désirs.

Dans celle que je me propose sur l'inertie et le principe génératif de l'univers, il s'agira d'examiner de plus près et cette tendance, et l'approximation qui en résulte, et si la nature de cette approximation est infinie, ou si elle doit avoir un terme à l'union.

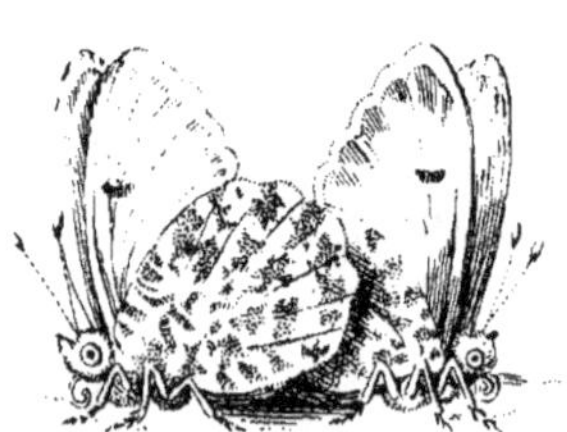

DE L'AMOUR

ET

DE L'ÉGOÏSME;

Par M. J. J. HERDER.

AVERTISSEMENT

DE

L'ÉDITEUR.

On vient de voir, dans la *Lettre sur les Désirs,* que M. Hemstherhuis s'étoit proposé d'y donner une suite pour développer davantage ses idées sur la cause de cette satiété et de ce dégoût qui naissent de la contemplation des objets même vers lesquels l'amour et le désir nous portent avec le plus d'ardeur; mais d'autres occupations l'auront empêché sans doute de satisfaire à cette promesse. Heureusement nous sommes dédommagés de cette perte, par la dissertation de M. Herder, *sur l'Amour et l'Egoïsme,* dont nous donnons ici la traduction. La manière tout à-la-fois éloquente et philosophique avec laquelle cet auteur y explique un des plus singuliers phénomènes du monde moral, nous fait croire que le lecteur nous saura quelque gré de lui avoir communiqué, sur ce sujet intéressant, les réflexions d'un des plus excellens écrivains dont l'Allemagne puisse se glorifier. Cette pièce de M. Herder parut d'abord dans le Mercure Allemand (*Deutchen Mercur*) de novembre 1781, et fut insérée ensuite dans le premier volume de la traduction allemande des OEuvres de M. Hemsterhuis, publiés à Leipzig, en 1782. C'est de là que nous l'avons tirée.

DE L'AMOUR

ET

DE L'ÉGOÏSME.

UNE des plus belles fictions de l'antiquité,
fiction qui été transmise d'âge en âge par la
tradition, est, sans contredit, celle qui attribue la formation de l'univers à l'Amour.
C'est lui qui tira le monde du chaos, qui en-
chaîna tous les êtres par les liens réciproques du désir, et qui, par le moyen de ces

douces étreintes, entretient l'ordre et l'harmonie dans la création, en conduisant insensiblement tous les êtres intelligens vers
celui qui est la source unique de toute lumière et de tout amour. Quel que soit le
nom qu'on ait donné à ce systême poétique
et le voile ingénieux sous lequel on l'ait pré-
senté, on n'y reconnoît pas moins, que l'a-
mour unit les êtres, comme la haine les
sépare; que la jouissance des dieux et des
hommes consiste dans l'amour et dans l'u-
nion de choses homogènes; enfin, que le
désir et la passion sont, pour ainsi dire, les
paranymphes de l'Amour, qui, par une force
douce, mais irrésistible, attirent et préparent la jouissance, et qui, même avant la
jouissance, procurent, par le pressentiment,
l'extase du plaisir.

Ce systême étoit sans doute attrayant;
mais on ne tarda pas à découvrir son côté
défavorable; c'est-à-dire, on remarqua que
cet amour avoit ses bornes, qu'une union
parfaite des êtres ne peut avoir lieu dans le
monde que nous habitons, ou du moins
qu'il ne le peut que très-rarement; que par
conséquent les liens de cette union, savoir,
le désir et la passion, doivent, après leur

plus fort degré de tension, se relâcher, et causer très-souvent, au lieu de plaisir, de la satiété et du dégoût. Cette funeste vérité dut cependant être bientôt adoucie par la réflexion, que, malgré cette loi sévère, la sagesse du Créateur ne s'en manifeste pas moins, parce qu'elle assure autant la conservation et la durée invariable de l'individu, que, par l'amour et le désir, elle maintient l'union et la douce société entre plusieurs créatures. On vit que ces deux forces, qui dans le monde intellectuel équivalent à ce que l'attraction et la répulsion sont dans le monde physique, appartiennent à la conservation et à la durée de l'univers ; et je crois que ce fut Empédocle qui le premier attribua à l'Amour et à la Haine la fonction de déterminer rigoureusement la ligne qui sépare tous les êtres. « Par la « Haine, dit-il, les choses s'isolent, et cha- « que individu reste ce qu'il est ; elles s'asso- « cient et s'unissent par l'Amour [1] ; » c'est-à-dire, en tant que, suivant leur nature, elles

---

[1] Ἐν δὲ κότῳ διάμορφα καὶ ἄνδιχα πάντα πέλονται,
Σὺν δ' ἔϐη ἐν φιλότητι καὶ ἀλλήλοισι ποθεῖται.
Ἐκ τῶν γὰρ πάνθ' ὅσσ' ἦν, ὅσσα τέ ἐστι καὶ ἔσται.

peuvent s'associer; car le Destin, disoient
les Grecs, commande aussi à l'Amour; et la
Nécessité, la plus ancienne des divinités, est
plus puissante que ce dieu. Suivant les idées
de Platon, le Besoin et l'Abondance donnèrent naissance à l'Amour dans les jardins
de Jupiter; l'Amour participe donc à la nature réciproque de l'un et de l'autre, en con-
servant toujours des traces de son origine.

Il me semble qu'il ne sera pas désagréable
de parcourir cette double route, d'autant
plus que M. Hemsterhuis n'en a examiné
qu'une, en promettant de s'occuper de l'autre dans une nouvelle dissertation, qui n'a
jamais paru, je crois, ou dont je n'ai du
moins aucune connoissance.

Comme cet ingénieux auteur a démontré, par des exemples très-bien choisis, que
l'Amour unit les êtres, et que toute passion,
tout désir tend à cette union, comme à la
seule jouissance possible entre des êtres isolés, il seroit superflu d'en accumuler ici de
nouvelles preuves. Chaque passion d'un être
qui poursuit le plaisir physique ou intellectuel, tout désir de l'amitié et de l'amour
le porte à s'unir à l'objet désiré, parce que
la possession de cet objet lui donne d'avance

le sentiment d'une jouissance douce et nouvelle de la continuité de sa propre existence. La bonté divine a très-sagement ordonné, que nous devons sentir notre existence, non pas en nous-mêmes, mais seulement par réaction, et, pour ainsi dire, dans un objet hors de nous, vers lequel nous tendons par conséquent, pour lequel nous vivons, et dans lequel nous multiplions notre être. Les objets attractifs que la nature a répandus en foule autour de nous, sont donc placés à des distances si variées, ils sont doués de degrés et de genres d'attraction si différens, que par cette belle ordonnance un jeu de sentimens plein de douceur, et aussi riche en tons qu'en modes devient possible en nous, afin que notre ame et notre vie entière soient, en quelque sorte, une harmonie constante du désir, qui, toujours insatiable et tendant sans cesse à une plus grande pureté, n'eut d'autre objet que l'éternité.

La jouissance grossière des sens détruit entièrement l'objet désiré, et l'identifie, pour ainsi dire, avec nous-mêmes; elle est donc active, car l'union la plus complète et la plus intime a lieu; mais elle est aussi passa-

gère et sans délicatesse. Il y a des hommes
dont toute la sensibilité physique est concentrée dans le palais (et par cette raison le
mot jouir est le plus communément attribué à ce sens). Dans ce cas, la jouissance est
union; c'est-à-dire, que les parties fluides
les plus déliées se développent et se con-
fondent; mais aussi la jouissance cesse à
l'instant, parce que l'objet est englouti et
détruit. Ici le plaisir le plus fin précède
donc, en quelque sorte : la jouissance qu'excite le désir de manger d'un beau fruit, est
plus agréable que le goût même du fruit;
l'œil excite une sensation délicieuse sur le
palais, ou, comme le dit Lucrèce, dans un
autre sens :

Voluptatem præsagit multa cupido.

Il en est ainsi de la jouissance des parfums,
et même de celle de la musique, dont nous
sentons avec tant de vivacité les effets; notre
ame, concentrée, en quelque sorte, dans le
seul sens de l'ouïe, savoure avec volupté les
accords de l'harmonie, et nous ne croyons
en jouir, que lorsque allanguissant notre
ame, celle-ci se trouve à l'unisson avec ces
accords. Cependant, quelque intellectuel

que soit, pour ainsi dire, l'effet de la musique, il se trouve bientôt détruit, et ne doit sa foible durée qu'à sa puissance harmonique, qu'aux vibrations agréables qu'elle produit en nous.

La durée d'une jouissance se prolonge d'autant plus, et la cause qui la produit existe d'autant plus hors de nous, que cette jouissance est plus dégagée des sens; mais aussi est-elle proportionnellement moins vive; car cette cause est et demeure hors de nous, et ne peut par conséquent s'identifier avec notre être que d'une manière très-foible, ou, pour mieux dire, point du tout : ce n'est que son simulacre qui nous est transmis; c'est l'effet d'une cause secondaire. L'œil n'est jamais rassasié de voir, mais que la jouissance qui en résulte est foible pour le cœur, et combien peu un rayon de lumière contribue-t-il à notre satisfaction intérieure. On peut appliquer ici ce qu'un poëte latin dit à cet égard de l'imparfaite jouissance des amans:

Nil datur in corpus præter simulacra fruendum·
Tenuia, quæ vento spes raptat sæpe misella.
Ut bibere in somnis sitiens cum quærit, et humor
Non datur, ardorem in membris qui stinguere possit ;

Sed laticum simulacra petit, frustraque laborat,
In medioque sitit torrenti flumine potans.

LUCRÈCE, liv. IV.

Et en effet, les amans semblent sentir cette vérité qui les conduit tantôt à la volupté, tantôt à la jouissance. Ils cherchent à animer le simulacre qui se présente à leur esprit. Ils suivent tous les traits d'ombre et de lumière, de couleur, de figure et de maintien, qui servent à le caractériser; afin de saisir l'esprit de l'auteur, s'ils sont peintres, et celui de la nature, s'ils sont eux-mêmes spectateurs, pour en rendre ainsi la ressemblance. Illusion futile, mais en effet heureuse! L'œil prévenu n'est point détrompé par la présence de l'objet aimé, parce qu'il ne peut se le dépeindre parfaitement à soi-même. Si c'est-là une source intarissable de délices, heureux celui qui peut s'abuser ainsi! il puise sans cesse et n'épuise jamais, parce qu'il ne peut jamais tarir la source. L'image chérie fuit toujours devant lui, sans le quitter un instant; il se repaît de songes heureux et d'agréables chimères.

Nous voilà arrivés insensiblement à cette espèce de jouissance qui semble la plus durable, mais qui cependant satisfait le moins notre désir : la jouissance idéale de la beauté corporelle, ou, pour parler le langage des enthousiastes, la jouissance de l'amour platonique. C'est néanmoins à tort qu'on y mêle le nom de Platon : ce philosophe ne parle que des qualités intellectuelles, dont on ne peut jouir que par l'esprit et non d'une autre manière; et il n'a nullement entendu par-là cette chimérique spiritualité des corps, qui finit toujours par être entièrement matérielle. La preuve que cette jouissance n'est point mentale, est démontrée parce que le corps en est fatigué, sans que l'ame en soit jamais satisfaite. Cet amour est nuisible au suc nerveux, comme l'amour charnel l'est aux forces du corps; ce qui sert à nous prouver que ce n'est pas là une véritable jouissance, une contemplation heureuse, par laquelle l'objet aimé peut être identifié avec nous. Comment ce qui n'est que purement corporel pourroit-il se réunir à ce qui est absolument intellectuel? deux substances hétérogènes, qui n'ont rien de commun entr'elles, et qui ne peuvent se confondre ensemble que par une espèce d'enthousiasme ou d'ivresse volontaire, que les poëtes grecs ont si bien dépeint. L'esprit jouit des qualités et des propriétés intellectuelles : leur union avec lui est pure et tranquille, dans le même sens que ce qu'un ancien hymne dit de Dieu : « Tout est à moi, « car je possède tout en moi. » Voilà une possession, une jouissance, que l'ame ne connoît que dans sa plus grande pureté. Elle vole de fleurs en fleurs, comme l'aimable papillon, et jouit de toutes, sans en endommager aucune : l'insecte rampant, au contraire, ronge et détruit à-la-fois et les fleurs et les fruits.

Nous commencerons donc par examiner les véritables objets des désirs spirituels, de l'amitié et de l'amour, et j'ajouterai quelques traits à ce que M. Hemsterhuis en a dit. L'emblême que les anciens nous ont donné de l'amitié, « deux mains jointes ensemble » me paroît la meilleure image de l'union, du but et de la jouissance de l'amour et de l'amitié ; et elle est plus satisfaisante, sans doute, que celle de « deux cordes harmoniques montées à l'unisson »; car cette image n'exprime qu'un simple accord, qui est bien loin de l'amitié. Un homme d'un caractère doux, liant, franc et ouvert est aimable pour la compagnie où il se trouve, comme la compagnie est également aimable pour lui. Sa présence ne gêne, n'incommode personne, et tout le monde aime à se trouver avec lui : on lui accorde même un certain degré de confiance, parce qu'on sent qu'un tel homme n'a rien de dangereux. Des caractères de cette espèce sont faits pour la conversation ordinaire ; mais l'amitié ! — Que ses liens sont bien différens, bien plus sacrés ! Elle lie les cœurs et les mains du même nœud, pour les mêmes desseins ; du moins quand ces desseins sont déterminés, constans, durables. C'est pendant et après les dangers qu'on trouve les liens de l'amitié fermes, indissolubles ; souvent même ils sont si forts qu'il n'y a que la mort seule qui puisse les détruire. C'est la phalange des jeunes guerriers grecs qui tous, comme s'ils n'avoient eu qu'une seule et même ame, triomphèrent ou moururent ensemble ; mais plus encore ces illustres jumeaux qui, par l'amitié, brillent entre toutes les nations, et qui ont percé les ténèbres du temps pour être les bienfaiteurs du genre humain ; ce sont ceux-là, dis-je, qui prouvent ce que j'avance. Une inclination réciproque les unit ; le danger serra leurs nœuds ;

enfin, une foi éprouvée, un zèle toujours croissant, des glorieux travaux, une jouissance toujours commune qui en fut l'heureux fruit, le danger et la mort même rendirent ces liens indestructibles. Quelle vérité de sentiment, quand un ami dit à son ami : « Ton amour m'est plus cher que celui « des femmes. » La création n'offre rien de plus noble que deux mains volontairement enlacées et unies d'une manière indissoluble, que deux cœurs qui n'en veulent former qu'un seul. Il est très-indifférent de quel sexe ils soient. C'est un préjugé aussi vain qu'absurde des hommes, de croire qu'ils sont seuls susceptibles d'une véritable amitié ; souvent la femme est plus tendre, plus fidèle, plus constante, plus pure et plus désintéressée que beaucoup d'hommes foibles, insensibles, avilis ; et ceux chez qui la mauvaise foi, la vanité, la jalousie, la légèreté trouvent place, doivent être regardés comme incapables de connoître l'amitié. Le lien conjugal peut également être celui de l'amitié ; et malheur à ceux qui ne l'y trouvent pas, qui n'y éprouvent que les titillations de l'amour et les inquiétudes du désir. Une femme vertueuse se sacrifie volontiers pour son époux. Que son bonheur est grand d'être heureuse par celui qu'elle aime, comme il est heureux par elle, et de se voir honnête, laborieuse et estimée à l'ombre de sa protection! L'éducation mutuelle de leurs enfans et la cause douce et attrayante d'une amitié, qui sera leur précieuse récompense dans les glaces de l'âge : ils seront alors comme deux vieux chênes entourés de jeunes arbustes verdoyans. — C'est, en général, d'une vie qu'on passe en commun que naît une amitié intime, dont des plaisirs, des consolations et des secours mutuels forment le caractère distinctif et la récompense. Que de doux secrets dans l'amitié! que de jouissances délicates! comme si l'ame d'un ami animoit immédiatement celle de l'autre! On devine d'avance les pensées de son ami, comme si c'étoient les nôtres! Et, n'en doutons pas, souvent l'ame a la faculté de connoître le cœur d'un ami, d'y pénétrer, d'y habiter, pour ainsi dire. Il y a de ces momens de sympathie, même en pensée, sans la moindre cause extérieure, que la psycologie, à la vérité, ne peut expliquer, mais que l'expérience nous fait connoître. Il est des souvenirs, même des souvenirs éloignés

d'amis absens, qui souvent sont étonnam-
ment puissans et doux. Si l'ame pouvoit
avoir la faculté occulte d'agir immédiatement et sans le secours de nos organes sur
une autre ame, où cette faculté résideroit-
elle si ce n'est dans le commerce de l'amitié?
L'amitié est plus pure, par conséquent plus
puissante que l'amour. Pour que celui-ci se
soutienne et se perpétue, il faut qu'il se dé-
pouille de toute sensualité grossière, et se
transforme en une amitié pure et véritable.
Combien rarement atteint-il à ce degré de
perfection : il se consume lui-même ou consume son objet par des flammes dévorantes;
et l'amant et l'objet aimé sont à la fois ré-
duits en un monceau de cendres. Mais l'ardeur de l'amitié est une chaleur douce et
vivifiante; les deux flammes se jouent ensemble sur un même autel, s'entrelacent et
s'élèvent en triomphe : souvent même à
l'heure qui marque une triste séparation,
elles s'élancent vers le séjour de l'éternelle
union et de l'amitié indissoluble.

Qu'on me pardonne de m'être étendu
ainsi sur cette matière. Comme l'amitié est
à mes yeux la seule, l'unique, la plus belle
union des ames, et, en même temps, la

jouissance la plus noble, la plus douce dont
l'homme soit capable, et à laquelle l'amour
même doit céder la palme; comme il y a
plusieurs degrés d'amitié, depuis la fami-
liarité enjouée jusqu'aux sacrifices les plus
sublimes, les plus pénibles, qui ne peuvent
être faits que par des ames privilégiées,
dans des circonstances et sous des rapports
fort rares, mais à qui ils servent aussi, par
un privilége singulier, comme d'avant-goût
d'une existence future, plus parfaite; enfin,
comme l'amitié est une union pure, active,
toujours croissante et indépendante, pour
ainsi dire, de nos sens, il me paroît qu'elle
est le plus digne but de nos désirs; ainsi
qu'elle devient dans nos malheurs et dans
nos angoisses le plus parfait bonheur que
nous puissions goûter sur la terre. C'est là
le vrai magnétisme des ames humaines; et
nous savons que c'est lorsqu'on le met le
plus en action, que l'aimant exerce le plus sa
force attractive; mais qu'il est comme mort
lorsqu'on l'abandonne à l'inertie. Il en est
de même de l'amitié et du commerce des
cœurs : il ne peuvent subsister sans une confiance implicite, sans une fidélité mise à
des épreuves constantes.

Mais la nature s'étant aperçue que cette flamme pure et céleste étoit, en général, un élément trop subtil pour notre enveloppe terrestre, elle la revêtit de graces matérielles et sensuelles; et c'est ainsi que Vénus Uranie devint Aphrodite. C'est l'amour qui doit nous mener à l'amitié; c'est l'amour qui se transforme en l'amitié la plus intime.

Je ne chercherai point le degré supérieur de ses transports dans ces momens où, M. Hemsterhuis dit, que la nature nous trompe par un instant de jouissance terrestre (instant qui se perd dans le simple besoin); mais dans cet heureux moment où l'on trouve l'objet aimé, dans cet instant, délicieux au-delà de toute expression, où deux amans s'aperçoivent qu'ils s'aiment, et se le disent mutuellement avec confiance et tendresse, quoiqu'encore d'une manière imparfaite et, pour ainsi dire, involontairement. Pourquoi faut-il que j'employe ici ces mots insignifians : *ils se le disent?* quelle foible expression! que peut dire dans ces instans une langue embarrassée, que peuvent signifier des mots entrecoupés et balbutiés avec peine; tandis que même les yeux pleins de feu, ces peintres éloquens de l'ame, se tiennent bais-

sés et voilent l'éclat dont ils brillent! S'il y
a un instant de volupté céleste et d'union
pure d'êtres corporels sur la terre, c'est sans
doute celui-ci, et on ne le doit point chercher dans la jouissance imparfaite qui suit
ordinairement cette extase bienheureuse.
Je ne me rappelle plus chez quel peuple
d'Asie la mythologie avoit divisé les plus anciennes époques du monde, de manière que
les hommes (qui alors étoient des esprits
purs et célestes) n'avoient connu l'amour
pendant une longue suite de siècles que par
le seul désir, jusqu'à ce qu'ils s'abaissèrent
enfin à une jouissance complète. L'instant
de l'union des ames, l'aveu du cœur fait
par un coup-d'œil, nous ramènent à ce
temps heureux, et avec lui aux délices du
paradis. C'est lui qui nous offre par rémi-
niscence ce que nous avions pendant long-
temps espéré, et ce que nous n'osions nous
avouer à nous-mêmes; c'est lui qui nous
offre par anticipation le bonheur de l'avenir, non par le désir, mais par la possession;
et qui, si on peut le dire, porte nos jouissances bien au-delà. L'avenir ne peut que se
développer pour nous; rarement ajoute-t-
il à nos espérances; le plus souvent même il

frustre celles que nous avions conçues; et à chacune de nos jouissances nouvelles il diminue l'idée de la jouissance. C'est là l'instant où Psyché contemple à découvert pour la première fois l'Amour, qu'elle avoit si long-temps aimé sous le voile qui le déroboit à ses yeux. Infortunée! pourquoi lui arrachas-tu ce voile! pourquoi détruisis-tu ainsi la source de tous tes plaisirs!

Il est certain que des ames créées pour un amour pur, fidèle et généreux, redoutent cet instant où le voile de l'illusion doit tomber, et qu'elles le reculent avec soin, et, pour ainsi dire, en tremblant. La femme, dont l'ame est bien plus susceptible que celle de l'homme de cette délicatesse de sentiment, connoît toute la perte que lui cause chaque jouissance; elle sait que les flammes de l'amour, bien différentes de celles du feu ordinaire, s'éteignent et disparoissent à mesure qu'elles se répandent, et qu'à chaque élan elles perdent de leur activité et de leur énergie. Du moment qu'une femme est sûre de l'amour de son amant, elle cherche à tenir ce secret chastement et saintement renfermé dans son cœur, bien assurée que c'est là le seul moyen de s'en conserver la possession; que ce secret est profané dès l'instant même qu'il passe les lèvres, et que l'amour s'affoiblit, en quelque sorte, dès le premier baiser, dès le premier soupir. Mais comme notre ame a une enveloppe terrestre, il falloit bien, comme l'enseigne la fable, que Psyché perdît ses ailes célestes, du moment qu'elle s'enfonça dans la matière. Faut-il donc s'étonner de ce qu'elle chercha si long-temps à se tromper elle-même, en se persuadant que ce n'étoit point le corps de son amant qu'elle aimoit, mais son ame, qui étoit de la même essence qu'elle? comme si elle avoit eu honte de son abaissement, et qu'elle eût prévu la courte durée de la jouissance qui faisoit l'objet de ses poursuites. Comment put-elle se livrer à cette illusion? comment put-elle ne chercher dans le baiser qu'une réunion d'ames, comme nous le veulent faire croire les vers pleins d'amour et de sentiment que je cite dans la note, et qui sont absolument intraduisibles [1]. Des endroits fort beaux du qua-

[1] *Dum semihulco suavio,*

  Meum puellum suavior, etc. AUL., GELL. L. XIX.

  Voyez aussi le charmant poëme, *Lydia, bella puella candida,* attribué à Cornelius Gallus: et remarquez surtout la dernière strophe.

trième livre de Lucrèce, nous dépeignent ces efforts impuissans et vains de la réunion des êtres, avec des couleurs si pittoresques, si philosophiques, si énergiques, qu'on diroit que Lucrèce a imité le systême de M. Hemsterhuis, ou que celui-ci a puisé son systême d'amour et de jouissance dans le poëte latin. — Heureusement que la nature a allié cette chimère trompeuse et fugitive de la réunion des ames avec l'amitié, et que, du côté du physique, elle a animé les corps des étincelles électriques de sa toute-puissance, par laquelle, au moyen d'un lien incompréhensible, naît un tiers du concours de deux êtres; tiers tout à-la-fois fruit de l'amour, du désir et de la passion non-encore assouvie. Cette chaîne de feu s'étend donc davantage; un nouveau chaînon vient se placer entre le besoin et l'abondance, afin que l'étincelle du désir puisse se propager. Je remarque, en général, que le Créateur n'a laissé aucune union des êtres infructueuse dans la nature. Le premier degré de jouissance physique que l'enfant éprouve avec le lait de sa mère, porte des sucs nourriciers dans ses veines, qui, au moyen d'une matière grossière, le préparent à quelque chose de plus noble. Plus les organes acquiè-

rent de finesse et de perfection, plus aussi
les conceptions sont spirituelles. Les parfums flattent et fortifient l'ame; la musique
charme le cœur et en adoucit les peines; les
représentations des objets :

> . . . . *Simulacra , pabula amoris ,*

procurent à l'esprit des idées plus délicates
que celles que la matière fournit; enfin,
l'amitié et l'amour (la première l'union des
ames, et l'autre celle des corps) présentent
à l'homme la coupe de la jouissance, cou-
ronnée des plus beaux fruits [1]. L'amitié ins-
pire des sentimens nobles, des efforts et des
actions héroïques; l'amour, semblable au
soleil du printemps, répand partout sa chaleur féconde et bienfaisante. Le souverain
maître de l'univers lui a confié une portion
de sa puissance créatrice.

Il semble aussi que le Créateur a eu soin
de remplacer cette jouissance trop fugitive
de l'amour, par un bienfait précieux qui
devoit animer même le dernier des êtres vi-

---

[1] Un poëte anglois a bien exprimé cette idée de
M. Herder :

> *This cordial drop heaven in our cup has thrown ,*
> *To make the nauseous draught of life go down.*

(Note de l'éditeur).

vans d'un rayon de la divinité. Ce bienfait est la tendresse des parens envers leurs enfans [1]. Ce sentiment est divin; car il est désintéressé, et souvent il n'est payé d'aucune reconnoissance. Il est céleste, car toujours entier, indivisible et exempt d'envie, il peut embrasser plusieurs objets à-la-fois. Enfin, il est de même éternel et infini, car il triomphe de l'amour, et subsiste au-delà de la mort. Quel monstre exécrable n'est pas à nos yeux la mère qui préfère un amant à son enfant, à cette créature foible, innocente et aimable dont l'amour maternel peut seul conserver l'existence! Certaines espèces d'animaux qui se sacrifient pour leurs petits font honte à cette marâtre : en leur donnant le jour, ils les caressent même au milieu des angoisses de la mort; et la plus douce occupation de la femelle des animaux, c'est d'allaiter ses petits. La tendresse maternelle fut le gage de l'amour, par lequel la nature puisa, pour ainsi dire, dans le cœur même

[1] Voyez sur le bonheur qui résulte de l'amour paternel et du respect filial, ce que dit M. Beattie dans sa *Dissertation sur l'attachement des parens*, tome *IV*, pag. 347 *de notre Recueil de pièces intéressantes, concernant les antiquités, les beaux-arts, les belles-lettres et la philosophie.* (Note de l'éditeur.)

de la mère de quoi la récompenser de ses
souffrances. Rien n'égale l'anxiété avec laquelle une mère cherche son enfant égaré;
rien ne surpasse sa joie, lorsqu'après de fa-
tigantes recherches, après une longue séparation, elle le retrouve enfin, et l'embrasse
comme s'il venoit de naître. Le désir de la
fécondité est le plus beau des charmes de
la ceinture de Vénus, et même il en paroît
être le seul pour le cœur de toutes les femmes chastes et vertueuses. Elles sont les prê-
tresses qui entretiennent le feu sacré de
Vesta; et périsse l'être méprisable, qui, au
lieu de cette flamme pure, brûle d'une ardeur grossière et brutale! L'amour n'a trem-
pé dans le désir que la pointe de son trait [1];
si le trait entier en est enflammé, malheur
à celui qu'elle blesse!

Après avoir parlé de la tendresse des parens envers leurs enfans, de ce sentiment
divin et éternel qui fait leur bonheur, de
quel objet plus digne puis-je m'occuper, si
ce n'est de toi, ô Souverain Maître de l'univers! dont l'amour paternel embrasse l'immensité des êtres que ta puissance a créés,
et que ta bonté conserve? Les expressions
me manquent lorsque je veux célébrer le

[1] Χρίσας ἄφυκτον ὀϊστὸν ἱμέρῳ.   EURIPIDE.

sentiment que ta main bienfaisante grava dans chacune de tes créatures, avec lequel tu te manifestes dans chaque sensation et dans chaque battement de cœur des êtres organisés; en assignant à chacun d'eux sa jouissance particulière et incompréhensible aux autres. La création de l'univers est l'ouvrage magnifique de tes mains, que ta toute-puissance tira du néant; ta sagesse éternelle l'ordonna, et ton amour ineffable l'embellit d'un nombre infiniment varié d'objets agréables. Qui ne t'aimeroit donc, puisque chaque être tend sans cesse vers toi, et te manifeste? Mais qui le peut comme il le devroit? L'homme se perd en contemplant l'immensité de tes perfections, et en se livrant d'avance aux sentimens que tu as imprimés dans son cœur. Quand il veut approfondir sa propre nature, il s'anéantit dans ses vaines spéculations; comment pourroit-il donc élever jusqu'à toi ses foibles regards? Tu as le sort de tous les parens d'aimer davantage qu'ils ne sont aimés, mais tu as par-dessus eux le mérite d'avoir placé toi-même dans mon cœur ce désir, cette ardeur qui me porte sans cesse vers toi, et tu peux m'attirer de plus en plus par les liens de l'amour et de la gratitude. Tout mon cœur me le dicte; je le sens, tu peux le faire, et tu le dois; car l'étincelle de reconnoissance et d'amour qui m'anime est une foible émanation de la flamme éternelle qui embrase ton cœur paternel. Tu dois me connoître mille fois mieux que je ne me connois moi-même; tu dois m'appeler sans cesse à toi, me chercher, m'aimer avec bien plus d'ardeur que je ne puis me livrer à la contemplation de ton essence divine, et m'acquitter envers toi du tribut de reconnoissance que m'imposent tes bienfaits. Ce trait de conformité qui, de toute éternité, existe entre ton cœur et le mien, m'est un sûr garant de la durée immortelle qui m'entraîne vers toi, et de la jouissance de tes perfections infinies qui ira toujours en augmentant.

Mais comment peut-on jouir de l'Éternel? Est-ce par la contemplation ou par le sentiment? Notre auteur a fait une observation sévère à l'égard des fanatiques [1], qui, bien examinée, n'est malheureusement que trop vraie. L'expérience de tous les temps constate que les femmes participèrent toujours aux opinions fanatiques, et y entraînèrent les hommes en les *régénérant*, suivant l'ex-

___

[1] Voyez pag. 75 de ce volume.

pression adoptée en pareils cas. Les hommes les regardèrent donc comme des média-
trices entr'eux et le ciel, et les idées qu'elles
se forment de la divinité, et surtout de
l'homme-dieu, ainsi que leur manière de
penser sur ses divins attributs, sont consi-
gnées dans des écrits et des lettres extatiques
que tout le monde connoît. Les défaillances
que Sainte-Thérèse eut au pied des autels,
lorsque le céleste amour blessa son cœur,
pouvoient être difficilement d'un autre genre, en les considérant seulement par rapport au physique, que toute autre défaillance qui vient de l'amour; car relativement
au mécanisme du corps, tout amour est
égal et opère les mêmes phénomènes, quel
qu'en soit l'objet. Dans toutes les sensations
de cette espèce, le cœur le plus innocent
a donc besoin de la plus grande prudence;
car même dans le torrent de l'amour divin
qui l'entraîne, il n'est pas exempt des foiblesses attachées à l'humanité. Tous les êtres
intermédiaires entre Dieu et l'homme sont
dangereux en religion; et même le média-
teur céleste, considéré physiquement, offre
également des dangers pour le cœur d'une
femme exaltée par une piété trop fervente.
Dieu veut être aimé de toute notre ame et

de toutes nos forces; mais non pas par le concours du fluide nerveux qui produit des symptômes semblables à ceux qu'éprouvent les épileptiques.

Nous venons de nous-mêmes aux bornes que dans chaque jouissance Dieu a posées ici-bas à notre amour et à nos désirs; et ces bornes ne sont pas simplement nos organes, ainsi que M. Hemsterhuis paroît le penser d'abord, mais comme il l'a indiqué lui-même à la fin, notre existence isolée et individuelle. Cet auteur compare la qualité de l'ame, qui s'oppose à son union avec d'autres êtres, à la force d'inertie propre à la matière; et en effet, cette force doit être toute autre chose que ce que la tourbe des philosophes ordinaires en a dit. Leibnitz et tous les bons penseurs ont hasardé des conjectures sur l'état intérieur de la matière que je désire de voir expliquées dans les remarques que M. Hemsterhuis nous a promises. Sans nous occuper davantage de la conformité que cet auteur établit entre la force d'inertie de la matière et la qualité repoussante de l'ame, examinons les bornes que Dieu a posées au désir de notre ame, en les cherchant dans sa propre nature.

Nous sommes des êtres isolés, et nous de-

vons être tels si nous ne voulons pas re-
noncer à ce qui constitue notre jouissance,
c'est-à-dire, au sentiment de notre existence, et nous perdre nous-mêmes pour nous
retrouver, en quelque sorte, dans un autre
être, qui cependant ne sera jamais nous.
Même en me perdant en Dieu, ainsi que
l'enseigne la dévotion mystique, sans aucun sentiment ni souvenir de moi-même,
ce ne seroit plus le *moi* personnel qui jouiroit; la divinité se seroit entièrement em-
parée de moi et jouiroit à ma place. La providence a donc sagement ordonné, que le
jeu harmonique de nos sensations seroit
excité successivement et selon des intona-
tions, des accords et des modes différens;
que notre passion seroit tantôt réveillée,
tantôt circonscrite ou assoupie; que notre
désir, tantôt actif, tantôt passif, nous ramè-
neroit par tout, même après la jouissance
la plus douce, sur le pauvre *moi* personnel,
en nous disant, pour ainsi dire : « Tu n'es
« qu'une créature bornée, qui désire une
« perfection à laquelle tu ne peux attein-
« dre! Ne te consumes pas en vains efforts
« auprès de cette source de jouissances;
« elle ne te désaltérera pas, réveille-toi et
« poursuis ta carrière. » Démontrons cette

vérité, et tâchons de l'établir par des exemples frappans.

Toute jouissance excessive qui dégrade l'objet ne nous a été donnée que par la nécessité, comme un simple besoin : cette jouissance se détruit et meurt par elle-même. L'homme est le tyran de l'univers; mais s'il doit rester dans les bornes de la nature, avec quelle célérité aussi n'est-il pas rassasié du pillage! Chaque jouissance physique n'est, à proprement parler, qu'un besoin qu'on satisfait; là, où la destruction de l'objet cesse, là commence une jouissance plus libre et plus belle, une co-existence agréable de beaucoup d'êtres qui se recherchent et s'aiment réciproquement. Un tyran qui lui seul veut être tout, qui veut tout engloutir, comme Saturne ses enfans, n'est propre ni à l'amitié, ni à l'amour, ni même à la tendresse paternelle. Il opprime, il écrase tout; rien ne peut prospérer autour de lui, bien loin qu'il puisse être le centre ou le point d'un cercle d'êtres contens et heureux.

Du moment que plusieurs êtres vivent paisiblement ensemble, et qu'ils veulent jouir réciproquement d'eux-mêmes, aucun d'eux ne doit prétendre à une jouissance exclusive, ni par conséquent au plus haut

degré exclusif de plaisir ; sans cela il sème
la destruction autour de lui. Chaque individu doit recevoir et donner, souffrir et
agir, attirer et être communicatif. Cette manière d'être rend à la vérité toute jouissance incomplète ; mais elle sert à mettre
de justes bornes à nos désirs, à l'amour et à
tout ce que les passions offrent. C'est ici que
se fait remarquer cette admirable sagesse
de la nature, qui a tout ordonné confor-
mément à l'harmonie et au rapport qui doivent subsister entre ces êtres actifs et passifs à raison des sexes, des circonstances et
des divers événemens de la vie. Ainsi que
Dieu plaça deux lumières au ciel, il créa
aussi deux sexes qui, dans les vibrations de
leurs sentimens réciproques, doivent se tenir en équilibre. La femme communique à
l'homme ce qui lui manque de douceur et
d'aménité ; et à son tour l'homme fait part
de sa force et de sa puissance à la femme ;
et dans l'empire de l'amour, la douceur est
plus puissante que la force. Dieu compensa
et voila la foiblesse de la femme par les attraits séduisans de la beauté ; toutes les fois
qu'il jugea nécessaire d'abandonner les rè-
gles du beau, il entoura la femme de la
ceinture de l'Amour, et la doua du désir,

qui, suivant l'expression d'une déesse, surpasse infiniment la force. Dans l'amitié même un des individus est toujours agissant, l'autre reste passif, ou vient seulement au secours du premier; l'un est le partage de l'homme, et l'autre celui de la femme, mais cela varie souvent selon les sexes. Dans cette association des ames, l'unisson n'est ni agréable, ni utile, ni même possible. Les tons doivent être consonnans, et c'est de ces tons seuls que peuvent naître l'harmonie de la société et la jouissance des êtres qui la composent; sans cela, l'amitié dégénéreroit bientôt en une simple relation.

De ce que je viens d'établir, il résulte également, que la force attractive de l'ame ne peut, ni ne doit s'étendre à l'infini. La nature a circonscrit chaque être isolé par des limites très-étroites, et c'est se tromper grossièrement que de vouloir s'attribuer un pouvoir illimité lorsqu'on est borné de toutes parts, et de se croire le despote de l'univers, lorsqu'on n'en occupe qu'un point, pour ainsi dire, imperceptible. Un amour qui embrasse toute la création, présente certainement une grande et belle image; mais celui qui veut aimer, doit commencer par son prochain; et si l'affection qu'il lui porte n'est pas intime et profonde, comment pourroit-il aimer ce qui est loin de lui et dont il soupçonne à peine l'existence? Les cosmopolites les plus décidés sont presque tous pauvres en sentimens : eux qui se glorifient d'embrasser l'univers entier par leur amour, se restreignent souvent à l'amour de leur chétif individu.

Je passe à l'article où M. Hemsterhuis compare les états de la Grèce aux nôtres [1], et où il paroît reprocher à la religion chrétienne, que, par trop de sollicitude pour le bien éternel de l'individu, elle diminue l'attachement qu'il doit à la prospérité de sa patrie. Ce reproche ne seroit fondé, qu'autant que les soins pour l'éternité fussent en opposition avec les soins qu'exigent les choses temporelles, et qu'un état heureux pût avoir lieu autrement que par le bonheur de chaque individu. C'est méconnoître les véritables devoirs de notre sainte religion que d'adopter le premier sentiment; en suivant le second, l'individu, né pour ne s'occuper que de sa prospérité, abandonnera à celui qui a ordonné la machine (nom que M. Hemsterhuis donne lui-même à l'état) le soin de la remonter et de la gouverner pour le bonheur

[1] Voyez pag. 81 de ce volume.

de l'ensemble, selon qu'il en aura le désir ou le pouvoir. Les annales du christianisme font preuve que les législateurs ont abusé en tout temps de la religion, et qu'ils l'ont défigurée par leurs établissemens barbares des devoirs féodaux et de chevalerie; cependant la religion n'est pas la cause du mal qui en est résulté; mais ce sont les mains maladroites qui, avec des parties aussi hétérogènes, ont prétendu former un ensemble politique sagement ordonné. La religion est, suivant l'expression très-juste de M. Hemsterhuis, le rapport libre de chaque individu avec l'Être Suprême. Ceux qui ont cru l'honorer en la qualifiant de machine politique, l'ont pour la plupart cruellement défigurée et souvent rendue méprisable.

Mais revenons à notre sujet, car cette digression n'est aussi qu'un hors-d'œuvre dans l'ouvrage de notre auteur. La nature commence toujours par un individu, et ce n'est qu'après avoir réglé les inclinations de celui-ci dans sa petite sphère, et y avoir satisfait, qu'elle en réunit plusieurs en dirigeant leurs sentimens vers le bonheur général des familles heureuses qui forment la prospérité d'un empire, ou sa prospérité n'est qu'apparente. De même que dans un seul homme

les plaisirs intellectuels et physiques, l'a-
mitié et l'amour, l'affection paternelle et la
vertu individuelle sont bien ordonnés, et se
trouvent dans une harmonie parfaite ; de
même, et dans une mesure égale, il sera
heureux pour lui et pour ses concitoyens.
Il est impossible qu'il puisse se confondre
avec tout ce qui l'entoure, qu'il aime, qu'il
loue et approuve tout également, ou qu'il
transforme chaque atome en un rayon de lumière pour l'admirer après cette métamor-
phose. L'homme qui en agiroit ainsi nuiroit
autant au vertueux qu'au méchant, et à la
fin il perdroit totalement le véritable point
de vue sous lequel il doit envisager et juger
chaque chose. Qui ne sait repousser, ne sait
pas non plus désirer : l'une et l'autre de ces
facultés constituent le mouvement de l'ame.

Telle est notre destinée dans cet univers ;
quelle sera-t-elle dans notre voyage vers l'é-
ternité ? Il me paroît difficile que nous
soyons totalement changés. Ce n'est que par
le souvenir de notre propre existence individuelle et sur la notion de cette existence,
que repose celle des autres êtres en tant
qu'ils nous sont unis par les liens de l'amour
et du désir. Si nous perdions l'existence,
nous ne pourrions aussi plus jouir de ceux-

ci. Mais cette existence future deviendra successivement plus libre et plus active. Nos jouissances pervertiront et détruiront moins d'objets ; nous apprendrons sans cesse à goûter de nouveaux plaisirs , et cela plus en donnant et en agissant qu'en recevant et en restant dans l'inaction. En attendant les rapports réciproques qui font la somme de tout ce bonheur, ne paroissent pas devoir cesser entièrement. Pour qu'on puisse donner il faut qu'il y ait des objets qui puissent recevoir, et l'action exige d'autres êtres qui en soient le motif et le sujet. L'amitié et l'amour ne sont possibles qu'entre des êtres réciproquement libres et consonnans (c'est-à-dire , entre lesquels existe un certain rapport), mais non pas entre des créatures qui soient parfaitement à l'unisson et moins encore entre ceux dont le caractère seroit identiquement le même. Enfin , quant à la jouissance de l'Être Suprême, elle restera toujours : « l'hyperbole avec son asymptote » comme dit notre auteur [1]; et cela doit être ainsi : l'hyperbole s'approchant toujours de l'asymptote , mais sans l'atteindre jamais.

[1] Voyez pag. 90 de ce volume.

Pour jouir de la béatitude céleste, nous ne pouvons jamais perdre l'idée de notre existence, et acquérir l'idée infinie d'êtres identifiés avec la divinité. Nous resterons toujours des êtres créés, quand même nous deviendrions les créateurs de nouveaux mondes. Nous nous rapprocherons de la perfection, mais nous ne serons jamais infiniment parfaits. Le souverain bien que Dieu pût donner à toutes créatures, est et restera l'existence propre et individuelle dans laquelle il est à leur égard et sera encore de plus en plus *tout en tout.*

LETTRE

SUR

L'HOMME ET SES RAPPORTS.

Avia Pieridum peragro loca , nullius ante
Trita solo : juvat integros accedere fonteis.

L U C R E T I U S.

AVERTISSEMENT

DE

L'ÉDITEUR.

Libellum exhibeo, caput non adeo facilem, et qui non tantnm ingenium in lectore requirat, sed etiam attentionem mentis præcipuam, et cupiditatem incredibilem cognoscendi rerum causas.   J. KEPLER, *Dioptrice*.

JAMAIS la liberté de la presse n'a été plus grande que de nos jours; et quoiqu'il seroit préjudiciable à nos connoissances, et même dangereux, de lui donner un frein, il est pourtant incontestable, que le nombre des progrès que nous lui devons dans les sciences et dans les arts, égale à peine celui des maux réels qu'elle nous cause du côté de la morale.

La prodigieuse quantité d'écrits dans lesquels on prêche ouvertement l'athéisme, et où l'on prétend de détruire, et souvent de rendre ridicules les notions de l'existence d'un Être Suprême, l'immortalité de l'ame, la nécessité d'une religion quelconque, et la réalité des mœurs, est un mal d'autant plus grand, qu'il nous affecte dans un siècle où le ton philosophique règne partout, et où le jargon des sciences et de la philosophie est le langage à la mode; d'où il résulte que les esprits médiocres, qui font toujours le grand nombre, prennent souvent les déclamations les plus absurdes, énoncées avec grace, et marquées au coin de ce jargon pour des démonstrations sans réplique.

Voilà ce qui m'a fait résoudre de publier ce petit écrit, marqué au coin de la philosophie, et dans lequel on verra, à ce qu'il me paroît avec évidence, que la seule raison, en se servant d'expériences simples, et dégagées des altérations que souvent l'imagination et les préjugés leur apportent, ne sauroit jamais nous mener aux systêmes du matérialisme et du libertinage.

LETTRE

L'HOMME ET SES RAPPORTS.

A M. F. F.

C'est autant pour satisfaire, monsieur, à ce que vous désirez de moi, que pour mon propre amusement, que j'ai mis dans une espèce d'ordre les recherches que je vous adresse. Elles roulent sur la nature de l'homme, sur celle des choses qui sont hors de lui, et sur les rapports qu'il peut avoir avec ces choses.

Je veux croire que bien des personnes me reprocheroient le peu d'étendue et le peu de clarté de ce petit écrit; mais en m'adressant à vous, j'ai profité de l'avantage de pouvoir former cette étendue et cette clarté sur la composition de votre tête.

Si vous trouviez pourtant des masses d'ombre trop grandes et des vides immenses dans mon tableau, vous songerez, je vous prie, que le sujet est grand, souvent obscur, et poussant quelquefois ses racines profondes dans des faces de l'univers qui ne sont pas tournées du côté de nos organes, et même jusque dans l'abîme des êtres.

Songez encore que c'est beaucoup, qu'un ciel couvert et sombre se change en nuages isolés, dont les interstices au moins permettent d'apercevoir la voûte étoilée.

Un être qui a la faculté de sentir, ne sauroit avoir une sensation d'une autre substance, que par le moyen des idées, ou des images, qui naissent des rapports qui se trouvent entre cette substance et entre cet être ou ce qui la sépare de cet être, et que j'appelle organe; c'est-à-dire, que j'appelle organe, non-seulement l'œil qui voit, mais aussi la lumière réfléchie de dessus l'objet;

non-seulement l'oreille qui entend, mais aussi l'air mis en oscillation par les mouvemens de l'objet.

Cet être, en recevant l'idée d'un objet, se sent passif; car il ne peut cesser d'avoir l'idée, si la modification de l'objet et celle des organes reste la même.

Il se sent passif, et par conséquent il sent qu'il y a un objet, ou une cause de l'idée, hors de lui; et si plusieurs de ces êtres ont à-peu-près la même sensation, la conviction en devient d'autant plus grande.

L'objet existe donc réellement hors de lui; mais comme l'idée est le résultat des rapports entre l'objet et la modification des organes, il en conclut, que parmi toutes les manières d'être de cet objet, se trouve aussi la manière d'être dont il a la sensation par l'idée; c'est-à-dire, que cet objet, vis-à-vis de lui et de ses organes, existe réellement tel qu'il lui paroît; ce qui détermine le fonds qu'on peut faire sur les idées primitives que nous recevons par l'organe.

Je vous prie d'avoir toujours cette réflexion devant les yeux, puisque c'est elle seule qui nous donne le droit, pour ainsi dire, d'aspirer à la connoissance de la vérité.

Cette acquisition des idées primitives, commune à l'homme et à la brute, n'est presque rien encore pour constituer l'être pensant.

Ces idées primitives s'évanouissent totalement en l'absence des objets; par conséquent, il est impossible qu'un être puisse comparer deux objets, dont les actions sur ses organes ne coexistent pas dans le même temps, s'il ne se sert d'un moyen pour fixer ces idées, c'est-à-dire, à moins qu'il ne se serve de signes.

Je définirai provisionnellement les signes, par des symboles distincts qui répondent aux idées. L'idée étant donnée, le signe paroîtra; et réciproquement, le signe étant donné, l'idée qui lui répond se manifeste.

Il faudra vous avertir, que je considère ici l'être qui a la faculté de sentir, comme individu, absolument isolé, et ne faisant pas partie d'une société; et que, par conséquent, j'ai considéré les signes uniquement comme des instrumens pour rappeler les idées, et nullement comme des moyens pour communiquer les idées d'un être à l'autre.

Les premiers signes naturels sont les effets de l'objet sur l'organe; ainsi l'objet lui-même est le signe de l'idée qui lui répond ; mais comme l'objet qui est hors de l'être qui a la faculté d'acquérir des idées, dépend peu ou point de cet être, il s'ensuit que cet être reçoit toutes ses idées au hasard, c'est-à-dire, lorsque le signe, ou, ce qui est la la même chose, lorsque l'objet paroît. Il faut excepter ces cas, où la velléité de cet être a le pouvoir physique de retenir quelque temps l'objet, c'est-à-dire, le signe, et par conséquent l'idée.

C'est de cette espèce de signes qu'en général presque tous les animaux paroissent se servir : l'objet étant lui-même le signe qui lui répond, leur velléité ne sauroit se rappeler ces signes, et par conséquent ils ne sauroient penser ni faire des projets, que sur les idées des objets qui coexistent réellement devant eux [1].

Lorsque j'aurai parlé de la raison, je ferai voir un peu plus distinctement en quoi

[1] *Inter hominem et beluam hoc maxime interest, quod hæc tantum, quantum sensu movetur, ad id solum, quod adest, quodque præsens est, se accommodat, paululum admodum sentiens præteritum aut futurum.*

CICERO, de Officiis.

consiste la différence entre notre façon de penser, et entre celle des animaux.

Ainsi, pour qu'un être, qui a la faculté de recevoir des idées, pense, raisonne ou projette, il faut qu'il ait des signes qui ne soient pas les objets, mais qui répondent aux objets, et dont il soit parfaitement le maître.

Cet être peut se procurer, de mille manières différentes, des signes qui lui rappellent ses idées. Il n'a qu'à faire coexister avec l'idée, ou avec le dernier mouvement des fibres qui produit l'idée, quelque chose qui dépende de sa velléité, un son de sa voix, un mouvement de son corps, une certaine modification de choses hors de lui, et qui se trouvent directement sous l'empire de ses organes; et pourvu que chaque signe réponde toujours à la même idée, il aura le pouvoir de faire coexister en apparence plusieurs objets, et de les comparer ensemble.

Nous avons considéré la façon d'acquérir les idées, celle de les rappeler, et quels fonds on peut faire sur la véracité de leurs représentations : il s'agira maintenant de voir ce que c'est que la raison et le raisonnement.

L'être qui a la faculté de sentir, et par conséquent celle d'acquérir des idées, ou, ce qui est la même chose, la faculté contemplative ou intuitive, a donc des sensations vraies ou des objets qui sont actuellement hors de lui, ou de la modification présente de ses organes, et rien de plus; mais l'être qui joint à cette faculté intuitive, celle de pouvoir se rappeler ses idées par le moyen des signes, peut faire agir cette faculté sur autant d'objets à-la-fois qu'il pourra faire coexister, en quelque façon, en apparence par le moyen des idées.

C'est cette faculté intuitive qu'on appelle raison, et son application aux idées, raisonnement.

Ce qui constitue le degré de perfection dans les intelligences, c'est la quantité plus ou moins grande d'idées coexistantes que ces intelligences pourront offrir et soumettre à leur faculté intuitive.

L'intelligence qui seroit absolument parfaite, pourroit, dans toute la force du terme, faire coexister plusieurs idées; ainsi, de deux intelligences, la plus parfaite sera celle qui portera plusieurs idées le plus près de la coexistence absolue.

Par exemple : soit $a : D :: D : x$; soit encore $a = 2\,b$, $b = 2\,c$, $c = 2\,D$. Supposons que quatre intelligences se rappellent les idées de a, b, c, D, et x, et de tous les rapports que je viens de dire.

La première, qu'on suppose faire coexister presque toutes ses idées, sentira d'abord que $x = \frac{a}{64}$: elle compare d'abord a avec x, sans égard à tous les rapports intermédiaires, ou plutôt elle sent tous ces rapports dans le même instant.

La seconde trouvera d'abord souvent de même que $x = \frac{a}{64}$; mais elle aura passé rapidement par tous les rapports intermédiaires.

La troisième commence par ranger ses idées en ordre, depuis la plus simple jusqu'à la plus composée. Elle compare ensuite les deux les plus simples, et elle tire une conclusion, c'est-à-dire, qu'elle acquiert une nouvelle idée de rapport. Cette nouvelle idée, elle la compare avec l'idée la moins composée de toutes les suivantes; elle tire une conclusion; et avec la nouvelle idée qui en résulte, elle continue la même manœuvre, et parvient à la fin à la même vérité.

La quatrième, qui ne sauroit faire coexister à-peu-près que deux de ces idées ou deux de ces rapports, ne pourra juger laquelle de toutes ces idées est la plus simple ou la plus composée : elle pense au hasard ; elle va comparer le rapport de a à b, à celui de c à D ; ou bien celui de b à c, à celui de D à x, dont il n'y a aucune conclusion, aucune vérité, aucune nouvelle idée à tirer, faute de l'intuition des idées ou des rapports intermédiaires [1].

[1] C'est ici l'endroit le plus propre, à ce qu'il me semble, pour faire une réflexion générale.

Parmi le petit nombre de personnes qui pourroient s'amuser à la lecture de cet ouvrage, il y en aura plusieurs qui, en le lisant, seront convaincues de plusieurs vérités qu'il contient ; mais après avoir quitté le livre, elles retourneront ou à leurs doutes, ou à des erreurs que, par un long usage, elles se sont accoutumées d'adopter comme des vérités. Il ne faudroit pas conclure de cet effet, que mes raisonnemens sont faux, que mes conclusions sont mal tirées, que les argumens qui mènent à ces conclusions, sont trop arbitraires, ou erronées, ou équivoques. La seule raison de cet effet réside dans l'imperfection de notre intelligence bornée.

La conviction parfaite est le sentiment du vrai absolu. Le vrai absolu pour nous, c'est l'identité de l'idée d'une chose et de l'essence de cette chose.

Dans le premier exemple, c'est le génie qui sert;

Dans le second, c'est l'esprit qui devine, qui se hâte, et qui peut se tromper;

Nous avons une conviction parfaite et le senti-ment du vrai absolu. Le vrai absolu pour nous, c'est l'identité de l'idée d'une chose et de l'essence de cette chose.

Nous avons une conviction parfaite de tout ce que nous appelons axiome. Un tout est plus grand que sa partie. Un tout est aussi grand que toutes ses parties ensemble. Lorsque je fais tomber une ligne droite sur une autre ligne droite, j'ai une conviction parfaite que les angles des deux côtés sont égaux à deux droits. C'est une vérité. Par cette vérité, combinée avec d'autres vérités également claires, je parviens à savoir que les trois angles d'un triangle sont égaux à deux droits. En combinant encore ces vérités avec d'autres, je trouve que dans le triangle rectangle le carré de l'hypoténuse est égal aux deux autres, et ainsi de suite: et tant que je me servirai de lignes subsidiaires dans mes démonstrations, ma conviction sera à-peu-près également parfaite. Mais lorsque j'efface toutes ces lignes, et que je ne tiens devant les yeux que le seul triangle rectangle, ma mémoire me rappelle bien que, moyennant plusieurs manœuvres de ma raison, je suis parvenu à la vérité; par exemple, que le rec-tangle de l'hypoténuse est égal aux deux autres rec-tangles; mais faute de pouvoir lier ensemble, dans un seul instant, toutes les vérités par lesquelles j'ai

Dans le troisième, c'est la sagacité qui cherche et qui trouve;

Dans le quatrième, c'est la stupidité errante et aveugle.

passé pour y parvenir, il s'en faut beaucoup que ma conviction soit aussi grande que celle que j'ai des premières vérités simples d'où je suis parti. Cependant toutes les vérités, depuis la plus simple jusqu'à la dernière trouvée, non-seulement sont également vraies; mais l'essence du triangle seroit également absurde si l'une de ces vérités étoit fausse, que si une autre de ces mêmes vérités l'étoit; et par conséquent toutes ces vérités ensemble ne font qu'une seule vérité. J'ai des raisons de croire qu'il peut y avoir des hommes qui aient une conviction aussi forte de la propriété du carré de l'hypoténuse, que j'en ai moi du plus simple axiome; mais je doute qu'aucune intelligence bornée, en voyant un triangle, puisse voir tout ce qu'il est, c'est-à-dire, le total de toutes les propriétés que sa nature peut admettre.

Si, au lieu de me servir de figures et de lignes subsidiaires, j'emploie, dans la recherche ou dans la démonstration de quelques nouvelles vérités, les formules algébriques, la conviction deviendra beaucoup moins forte encore, puisque ces formules ne sont que des signes de vérités, qui proprement ne sont qu'un peu plus analogues aux vérités qu'elles désignent, que les mots ne le sont aux choses qu'ils représentent; et pourtant il est incontestable, que si les opérations algébriques se sont faites avec toute

Il est évident, par ce que je viens de dire, que le raisonnement n'est autre chose que l'application simple de la faculté intuitive

l'attention requise, le résultat de ces opérations est non-seulement aussi parfaitement vrai que la vérité simple d'où je suis parti, mais que ce résultat n'est qu'une seule et même chose avec cette vérité simple considérée d'un autre côté.

Le commun des hommes suppose du plus ou du moins dans la vérité : ce qui est impossible. Il y a du plus et du moins dans la conviction ; et la conviction sera toujours en raison inverse du chemin qu'on a parcouru depuis l'axiome le plus simple jusqu'à la vérité cherchée ou démontrée. Si l'on pouvoit concentrer toutes les convictions instantanées de toutes les vérités par où l'on a passé, on auroit une conviction aussi forte du résultat de toutes ces vérités, que de la plus simple de ces mêmes vérités, qui a servi de base et de principe.

Si, au bout de quelques milliards de syllogismes, nous pouvions parvenir à connoître ou à démontrer la vraie cause de l'irrégularité apparente de la position des étoiles, la conviction de cette vérité, qui en effet n'est autre que la vérité simple, dont je suis parti, considérée d'une autre façon ; cette conviction, dis-je, seroit nulle ; mais il seroit de la plus grande absurdité d'en conclure que cette vérité seroit nulle. Dans les raisonnemens compliqués, l'homme cherche toujours machinalement à rapporter la dernière conclusion à la vérité simple de laquelle il est aux idées présentes, et coexistantes autant que possible ; que la nouvelle vérité n'est qu'une et la même avec les vérités de la comparaison desquelles elle résulte ; et enfin que c'est du génie qu'il faut attendre les vérités grandes et éloignées ; de la sagacité, les vérités claires et sensibles pour tout le monde ; de l'esprit, les vérités et les erreurs; et de la stupidité, les ténèbres.

Ce qu'on a décoré souvent du nom de philosophie, n'est proprement que la lie, qui demeure après l'effervescence de l'imagination.

Comme, d'un côté, il n'y a rien de si extravagant que cette espèce de philosophie n'ait imaginé, et que, de l'autre, il falloit subvenir à l'aveuglement de la stupidité, on a inventé une logique pour tenir l'une un

parti. Il ne sent pas ce rapport ; par conséquent, la conviction est détruite, et il doute. Mais s'il prend toujours la pénultième conclusion pour un axiome, comme elle l'est, il s'accoutume à sentir les vérités les plus grandes et les plus éloignées.

Je crois que ceci suffit, pour montrer les raisons du peu de conviction que nous avons souvent des vérités les plus incontestables.

(Note de M. Dumas.)

peu en bride , et pour porter, s'il se peut, un foible rayon de lumière jusque dans le chaos de la stupidité.

Notez , je vous prie , que cette logique artificielle est postérieure à la faculté intuitive , qui est la seule logique véritable.

L'être qui a la faculté de sentir , a trois moyens naturels par lesquels il peut recevoir des idées.

1º. Par l'action des objets qui met les organes en mouvement.

2º. Par le mouvement accidentel des organes.

3°. Par le mouvement imprimé aux organes par le moyen des signes.

Il est important de considérer maintenant le degré de clarté des idées qui naissent de ces trois moyens.

L'idée qui résulte de la présence de l'objet, a toute la clarté requise , sans confusion.

L'idée produite par le mouvement accidentel des organes , est beaucoup moins claire et très-souvent confuse.

L'idée que la velléité rappelle par le signe, a beaucoup moins de clarté encore ; mais elle est bien terminée , et sans aucune confusion.

On pourra mesurer ces degrés de clarté par l'expérience.

Lorsqu'on rêve en dormant, et que la scène du songe se passe de plein jour, il faut faire attention au moment du réveil, et, en ouvrant les yeux, comparer la clarté du vrai jour avec celle du jour qu'on vient de quitter; et l'on verra que la différence entre l'idée produite par l'objet réel et présent, et entre celle qui est occasionnée par le mouvement accidentel des organes, est immense.

Lorsqu'on s'amuse à suivre une démonstration géométrique, ou à jouer aux échecs les yeux fermés, on sent la distance qui se trouve entre la clarté des idées imprimées par l'objet réel, et celle des idées qui paroissent à l'avertissement du signe.

Dans les songes on découvre souvent des vérités géométriques, qu'on avoit cherchées en vain pendant ses veilles. Dans les songes l'homme est communément plus résolu et plus déterminé que dans ses veilles : il a plus de peur et plus de courage ; j'ose dire qu'il raisonne plus juste, parce que sa faculté intuitive ne contemple presque que des idées présentes et coexistantes, non rappelées par les signes, et, par conséquent, plus fortes que les idées de rappel; et j'ajoute qu'il est plus vrai. L'homme dans ses songes est tout à son caractère. Qu'un homme me donne l'histoire fidèle de ses songes, je lui donnerai le tableau parfait de son caractère moral. Alexandre ne prit jamais la fuite en songe.

Il paroîtra enfin, que les mouvemens des dernières fibres de l'organe, occasionés par l'état accidentel du corps, sont beaucoup plus forts que ceux qu'on imprime par le moyen des signes.

Si l'on considère maintenant que la plupart des animaux sont plus déterminés et plus résolus dans leurs actions que la plupart des hommes, on comprendra aisément quelle doit être l'espèce de différence entre l'état intellectuel des animaux et entre celui de l'homme.

L'animal n'a pas de signes arbitraires, et, par conséquent, il n'a pas la faculté de se rappeler à volonté les idées des objets; ce qui ôte à sa faculté intuitive une quantité immense d'idées à contempler.

Voyons la quantité et la qualité des idées qui lui restent.

Pour la quantité, elle est formée par les idées qu'il a reçues par l'impression actuelle

des objets , et par quelques idées accessoires
que l'apparition de l'objet, en qualité de
signe, lui rappelle. Par exemple , un chien
a été battu par un homme ; ce chien manque
de signes arbitraires , n'a pas la faculté de se
rappeler à volonté l'idée de cet homme et
des coups qu'il a reçus ; mais aussitôt que
l'homme paroît , cet homme est le signe qui
lui rappelle l'idée des coups reçus , de la
douleur qu'il a sentie , etc. ; sur ces idées ,
alors coexistantes , il raisonnera juste.

Pour la qualité des idées qui lui restent,
les idées qu'il reçoit de l'objet présent sont
aussi fortes que celles que l'homme en reçoit , exception faite de la perfection de
l'organe, qui peut être plus grande ou moindre dans tel ou tel animal. Elles sont les
suites du mouvement des fibres de l'organe
occasionné par la présence de l'objet ; et les
idées accessoires résultent du mouvement
que ces fibres ont imprimé à des fibres voi-
sines, qui autrefois avoient été mises en mouvement par des objets , qui alors avoient
réellement coexisté avec l'objet qui sert
maintenant de signe.

L'animal reçoit encore des idées en songe
par l'état accidentel de son corps, et de la

même façon que l'homme les reçoit; mais la quantité de ces idées doit être proportionnée à celle des idées qu'il peut acquérir en veillant.

Il s'ensuit, premièrement, que la faculté intuitive de l'animal ne sauroit agir que sur les idées que les objets ou le besoin de ses organes lui donnent au hasard.

Secondement, que les idées coexistantes, qui composent les seuls sujets sur lesquels la faculté intuitive applique sa mesure, sont en très-petit nombre, si on les compare à la quantité immense d'idées que la velléité de l'homme peut faire coexister et comparer.

Troisièmement, que l'animal recevant presque toutes ses idées également claires, il a des passions plus également fortes, et il a, pour ainsi dire, plus de caractère national dans son espèce que n'en a l'homme : ce qui pourroit servir de réponse à la question de Philémon,

Τί ποθ' ὁ Προμηθεὺς, ὃν λέγυσ' ἡμᾶς πλάσαι
Καὶ τ' ἄλλα πάντα ζῶα, Τοῖς μὲν Θηρίοις
Ἔδωχ' ἑκάτῳ κατὰ γένΘ μίαν φύσιν;

Enfin, il paroît, par ce que je viens de dire, que, sans compter la possibilité que la faculté de se servir de signes arbitraires soit adhérente à l'essence de l'homme, les animaux, pour ce qui regarde la faculté intellectuelle, sont infiniment au-dessous de lui.

Il paroît encore que ce qu'on appelle instinct, est le jugement ou le résultat nécessaire qui doit suivre l'action de la faculté intuitive sur quelque peu d'idées simples et claires coexistantes.

Nous venons de considérer l'être qui a la faculté de sentir, de penser et de raisonner, passons maintenant à la contemplation de l'homme, comme être agissant, et voyons s'il est simple ou composé, sujet à la destruction ou d'une essence durable.

1°. Un corps en repos, persiste, par sa nature, dans son état de repos.

2°. Un corps ne sauroit donc passer du repos au mouvement, ou du mouvement uniforme à un mouvement accéléré, que par l'action d'une chose qui n'est pas ce corps.

3°. Le corps de l'homme, par un acte de sa velléité [1], passe du repos au mouvement,

---

[1] On trouvera la démonstration de la réalité de la velléité et de la spontanéité de l'homme, à la page 168 et suivantes.

ou du mouvement à un mouvement accéléré.

4°. Ainsi, le corps de l'homme est mis en mouvement, ou son mouvement est accéléré par l'action d'une chose qui n'est pas ce corps.

5°. Il s'ensuit, que le principe moteur de ce corps, que nous appelons ame, est une chose différente de ce corps.

1°. Il est contradictoire qu'une chose quelconque détruise une propriété essentielle de soi-même, puisqu'il est de son essence d'avoir cette propriété; ainsi, elle se réduiroit elle-même au néant.

2°. Une propriété essentielle du corps en mouvement, est de persister à se mouvoir dans la même direction.

3°. Or, l'homme, d'un acte de sa velléité, change la direction du mouvement de son corps.

4°. Par conséquent, l'homme, s'il n'étoit autre chose que son corps en mouvement, détruiroit une propriété essentielle de soi-même.

5°. Il s'ensuit encore, que le premier moteur de ce corps, que nous appelons l'ame, est une chose différente de ce corps.

1º. Les idées que nous avons des choses dérivent du rapport qui se trouve entre les choses, et notre façon d'apercevoir et de sentir.

2°. Il est possible que nous ayons une idée de tout ce qui est étendu et figuré.

3º. La moindre particule de notre corps est étendue et figurée.

4º. Par conséquent, il est possible que nous ayons une idée de la moindre particule de notre corps.

5°. Mais l'idée est le résultat du rapport qui se trouve être entre la particule et celui qui aperçoit.

6°. Par conséquent, ce qui aperçoit est autre chose que la particule, et l'ame une chose différente du corps [1].

[1] Contre ceux qui nient l'immatérialité et l'immortalité de l'ame, et qui font la matière éternelle, on pourroit se servir du raisonnement suivant :

La sensation intime du *moi* est simple. Posons l'homme composé des parties matérielles isolées a, b, c, etc. Si le *moi*, ou la sensation du moi, est dans a, ou dans b, ou dans c, il est autre chose que a, ou b, ou c; par conséquent, ce n'est pas de la matière. S'il est a, ou b, ou c, 1º. il sera éternel comme a, ou comme b, ou comme c; 2º. étant a, il n'aura, pour être, aucun besoin de b, ni de c; étant b, il n'aura, pour être, au-

1°. L'idée que nous avons d'action et de force, nous vient de la difficulté que nous trouvons à changer le rapport local des choses.

2°. Changer le rapport local des choses, suppose donc une action.

3°. Or, un corps en mouvement change à tout instant de rapport local.

4°. Par conséquent, à tout instant ce corps obéit à une action présente et réelle.

5°. Mais sans obstacle ce corps persistera éternellement à se mouvoir d'une façon uniforme.

6°. Par conséquent, le principe mouvant qui est dans ce corps en mouvement, et qui

cun besoin de a, ni de c; et ainsi du reste. Par conséquent, il n'est ni a, ni b, ni c, ni dans a, ni dans b, ni dans c. Il ne sauroit être dans $a + b + c$, 1°. puisqu'il est simple, 2°. puisqu'alors il seroit autre chose que $a + b + c$. Il ne sauroit être $a + b + c$. puisqu'il est simple, et puisque $a + b + c$ n'est qu'un assemblage de parties isolées, dans aucune desquelles il ne sauroit se trouver. Par conséquent, il résulte de la combinaison de a, de b, de c, etc. Mais ce résultat étant autre chose que a, ou b, ou c, ou que $a + b + c$; il s'ensuit que le *moi* est autre chose que de la matière.

(*Note de M. Dumas.*)

la fait mouvoir, existe et agit éternellement.

7°. Ainsi, lorsqu'on considère le mouvement dans soi-même, le mouvement est une
action unique, uniforme et éternelle.

1°. La cause n'est cause de l'effet, qu'en
produisant l'effet.

2°. Par conséquent, l'effet est l'effet ou la
suite nécessaire de la cause qui le produit.

3°. Par conséquent, les effets sont pro-
portionnels à leurs causes.

4°. Donc, comme naître, croître, vieillir
et mourir, sont les effets nécessaires d'une
cause, dont la façon d'être consiste dans la
coexistence successive des parties, ainsi, le
mouvement, comme tel, ou cette action
unique, uniforme et éternelle, est l'effet nécessaire d'une cause unique, uniforme et
éternelle.

Il ne sera pas hors de propos de faire ici
une réflexion au sujet d'*éternel;* et je vous
prie de vous ressouvenir des suites de cette
réflexion, partout où je parlerai de la matière.

On prend souvent une chose éternelle
par sa nature, pour une chose qui existeroit par soi-même. Il est vrai qu'une chose

qui existeroit par soi-même, seroit nécessairement éternelle par sa nature; mais il
ne s'ensuit pas que toute chose éternelle par
sa nature existeroit par soi-même.

Ce qui, pour ne pas exister, n'auroit besoin que d'être décomposé, n'est pas éternel par sa nature.

Ce qui, pour ne pas exister, auroit besoin d'être détruit, est éternel par sa nature.

Tout ce qui tombe sous nos sens, un animal, une plante, une pierre, un édifice, en
tant que ces choses tombent sous nos sens,
se trouve dans le premier cas : nous voyons
que le mouvement se trouve dans le second;
et je prouverai que la matière s'y trouve de
même.

Ce qui est décomposible jusqu'à extinction d'essence, ou jusqu'à ce qu'il cesse d'être
ce qu'il est, n'est pas éternel par sa nature.
Un arbre consumé par les flammes a cessé
d'être arbre; mais la matière, comme matière, ne sauroit être décomposible jusqu'à
extinction d'essence, puisque la dernière
particule est toujours encore étendue, figurée et impénétrable par sa nature : par conséquent, la matière, pour ne pas exister,

auroit besoin d'être détruite; et ainsi elle est éternelle par sa nature [1].

Mais dans l'exemple du mouvement, nous avons vu que ce qui est éternel par sa nature peut avoir eu un commencement : par conséquent, il n'est pas impossible que la matière, en tant que matière, éternelle par sa nature, ait eu un commencement. Je dis plus : non-seulement cela n'est pas impossible, mais je prouverai qu'elle a dû avoir un commencement de toute nécessité.

Ce qui existe par soi-même, et dont l'essence est d'exister, existe nécessairement, et nécessairement d'une façon déterminée. Existant nécessairement, il seroit contradictoire qu'il n'existât pas, ou qu'il existât d'une façon autrement déterminée [2].

[1] Voici ce qui peut servir de corollaire en cet endroit.

Comme ce qui n'est pas décomposible jusqu'à extinction d'essence est éternel par sa nature, à plus forte raison ce qui n'est pas décomposible du tout est éternel par sa nature. Or, le *moi*, la conscience du *moi*, ce qui constitue le *moi*, est simple et n'est pas décomposible. Par conséquent, ce qui constitue le *moi* est éternel par sa nature. (*Note de M. Dumas.*)

[2] Tout ce qui est, est dans chaque moment d'une manière determinée ; et il est contradictoire que la

Or, supposons, pour un moment, que les dernières particules de la matière soient des cubes, il n'impliqueroit aucune contradiction que ce fussent des sphéroïdes, des octaëdres, etc. ; par conséquent, la matière n'existe pas nécessairement d'une façon dé-

même chose soit en même temps de deux manières différentes. Par conséquent, ce qui existe par soi-même, ou par son essence, est, dans un moment donné, d'une manière déterminée ; et il est contradictoire, que, dans ce moment, il soit d'une façon autrement déterminée. Existant par son essence, la manière dont il existe tient à son essence. Mais la manière d'exister tenant à son essence dans un moment, doit tenir à son essence dans tout autre moment. Or, étant contradictoire qu'il existe d'une autre manière dans un moment, il est contradictoire qu'il existe d'une autre manière dans tout moment. Par conséquent, ce qui existe par soi-même existe d'une façon déterminée éternellement, et par conséquent, il est immuable. Il existe d'ailleurs nécessairement, parce qu'il seroit contradictoire qu'il n'existât pas. Posons que ce qui existe par soi-même soit A dans un moment, il a dans soi tout ce qu'il faut pour être A dans ce moment ; il est A, parce qu'il est contradictoire qu'il ne soit pas A dans ce moment. Mais l'existence étant de l'essence de A dans un moment, elle est de son essence dans tout autre moment.

(Note de M. Dumas.)

terminée. Il n'est pas contradictoire, qu'au lieu de cette particule il n'existât que de l'étendue : par conséquent, la matière n'existe pas nécessairement, et l'existence n'entre pas proprement dans son essence ; ainsi, elle n'existe pas par soi-même, mais par un autre [1].

Mais revenons encore à l'ame. Cette cause unique, uniforme et éternelle, cette ame ne sent son existence qu'au moment où elle

---

[1] On pourra démontrer la même chose de cette façon. Nous venons de voir que ce qui existe par soi-même, existe d'une façon déterminée éternellement : par conséquent, ses modifications ne sauroient être changées. Or, la matière est figurée et figurable par sa nature; par conséquent, une des modifications de la matière pourra être changée à l'infini; par conséquent, la matière n'existe pas par soi-même, mais par un autre.

Encore, ce qui existe par soi-même, et dont l'essence est d'exister, est infini par sa nature, comme on peut le démontrer ; car nous avons vu qu'il est immuable par sa nature ; ainsi il n'est susceptible d'aucune augmentation : par conséquent, il est infini par sa nature. Or, la matière est figurable par sa nature, par conséquent, figurée par sa nature, et ainsi déterminée et finie par sa nature ; et par conséquent, elle n'existe pas par soi-même, mais par un autre.

(*Note de M. Dumas.*)

acquiert des idées de choses qui sont hors d'elle.

Elle sent qu'elle est autre que tout ce dont elle a des idées; qu'elle est autre que tout ce qui est hors d'elle. Ce qui est hors d'elle, et dont elle a des idées, est le point d'appui d'où elle part pour arriver à la conviction de sa propre existence. Ce point d'appui ôté, c'est-à-dire, les organes anéantis, par où elle pourroit avoir des idées des choses de dehors, elle ne sauroit avoir aucune sensation de son existence. Ce sont ses désirs, sa faculté attractive, qui l'avertissent qu'elle est. Elle ne sent qu'elle agit que par l'idée de la réaction. Sans la réaction, elle n'auroit au-aucune idée de sa velléité. Anéantissez pour un moment toute réaction, il faut pourtant que la velléité, ou la faculté de pouvoir agir, reste, quoiqu'elle ne se manifeste que par la réaction. Ainsi, conclure de l'état de l'ame, pendant un profond sommeil, qu'elle n'existe pas, c'est une conclusion bien peu philosophique.

Pour avoir des idées, pour penser, pour agir, elle a besoin d'organes. Son action, ou l'impulsion qu'elle imprime aux choses de dehors, est par sa nature éternelle et indestructible , en tant qu'elle n'est pas contradictoire à l'impulsion plus grande , imprimée à la nature par les mains du Créateur.

Lorsque nous nous tournons avec une grande rapidité, lorsque nous courons, lorsque nous sautons , nous sentons distinctement l'indestructibilité de ce mouvement , que notre velléité a imprimé dans notre corps ; et cette velléité même n'est pas en état de le détruire , à moins que, par le moyen des organes, elle n'appelle à son secours les forces imprimées à toute la nature, pour les faire servir directement contre le mouvement qu'elle seule pourtant a inspiré.

Il n'y a peut-être qu'une seule organisation, dans les faces de l'univers que nous connoissons , à laquelle elle puisse s'attacher tellement qu'elle puisse agir sur cette organisation ; mais une fois attachée à ces organes , tout ce qui est homogène à ces organes devient organe pour elle. Elle tient à toutes les faces de l'univers qu'elle connoît; elle agit sur toutes ces faces, comme sur son propre corps , à proportion de l'intensité de l'action qui émane de sa velléité, vis-à-vis de la force des lois de la nature qui dérivent des émanations de la velléité suprême.

La raison pour laquelle l'homme doute encore de l'immortalité et de l'indestructibilité de son ame, après des démonstrations et des preuves aussi claires, est qu'il ne se sent, ni ne se voit que dans les choses hors de lui. Peu de têtes sont faites pour une abstraction absolue ; et on s'accoutume plus aisément à prêter à l'ame une certaine modification, qui cadre plus ou moins avec les idées vagues et superficielles qu'on se forme de ses actions, qu'à approfondir la nature de ses actions, pour monter de là à la nature de l'essence de l'ame.

Prouvez à la chenille l'état de bonheur qui l'attend, elle doute, et finit par croire que Dieu ne la destine qu'à se traîner le long d'une feuille, à en ronger les bords, et à se consumer enfin pour le bien d'autrui ; tandis que déjà son ame est attachée à un principe physique, qui dans peu de temps la fera folâtrer dans les airs, voler de fleur en fleur, vivre de la rosée, et goûter à longs traits les plaisirs les plus purs de l'amour.

Comme, dans les raisonnemens précédens, je ne me suis mis nullement en peine des conséquences qu'on en pourroit tirer, je crois qu'avant de passer à la contemplation des choses qui sont hors de l'homme, il sera nécessaire de répondre à quelques objections.

1°. Dans les songes, nous recevons les idées comme pendant nos veilles ; et, suivant les raisonnemens que j'ai faits, il faudroit conclure que les choses dont nous paroissons avoir les idées, existent telles qu'elles nous paroissent ; tandis que ces choses n'existent nulle part que dans les images ou dans les idées qui naissent du mouvement accidentel des organes.

Sans répéter ce que j'ai dit par rapport à la clarté des idées que nous avons dans nos songes ; sans répéter encore que, pendant nos veilles, la sensation de plusieurs êtres de notre espèce achève de nous convaincre de l'existence des choses hors de nous, je remarque seulement que dans nos songes, dans nos rêves, dans le délire, nous croyons voir des choses, mais des choses composées, et composées de parties que nous avons vues réellement pendant nos veilles, par les images ou idées primitives que ces parties réellement existantes ont produites par leurs actions sur les dernières fibres de l'organe.

Ainsi, il est toujours vrai que les parties

qui composent ce monstre ou spectre imaginaire, existent ou ont existé réellement,
et même telles qu'elles nous l'ont paru.

2°. Pour énerver, en quelque façon, la
démonstration de l'hétérogénéité de l'ame et
du corps, la seule chose qu'on pourroit dire,
à ce qu'il me semble, seroit que je ne raisonne que sur la nature de cette matière
grossière qui tombe sous nos sens, et que
que pourtant, selon toutes les apparences,
la matière aura une infinité de propriétés
essentielles, autres que celles que nous lui
connoissons, et qu'ainsi j'aurois dû être plus
circonspect à conclure sur le peu de propriétés connues de la matière.

On ne sauroit rien affirmer ou nier des
choses dont nous ne sentons ni la possibilité, ni l'impossibilité, ni l'existence, ni la
non-existence ; et comme ces autres propriétés supposées se trouvent dans ce cas, on
n'en sauroit tirer aucun argument quelconque.

Mais supposons que la matière ait une infinité de propriétés essentielles qui nous
sont inconnues, il est parfaitement impossible qu'une chose quelconque ait deux propriétés essentielles, contradictoires, c'est-

à-dire, que la matière soit figurable et non-figurable, étendue et non-étendue, etc., en même temps. Or, je sais de science certaine, que la matière est entre autres figurée, étendue, etc.; par conséquent, il est absolument impossible, que parmi l'infinité des propriétés essentielles supposées, se trouvent des propriétés par lesquelles la matière seroit non-figurée, non-étendue, etc. : ainsi, les conclusions tirées des argumens fondés sur la connoissance de cette matière grossière, n'ont rien de hasardé.

3°. De la démonstration de l'immortalité de l'ame s'ensuivra, que l'ame de l'homme, celle de l'animal, un ressort, comme également cause du mouvement qui est éternel par sa nature, sont également éternels par leur nature.

Il est vrai que l'ame de l'animal paroît aussi éternelle que celle de l'homme. Je dis paroît, puisque je ne saurois apprendre de l'animal ce qu'il sent. Je puis l'affirmer par rapport à l'homme, parce que je suis homme, et que, par conséquent, je raisonne sur des vérités que je sens. Si l'on m'accuse d'approcher trop l'animal de l'homme, il faut se ressouvenir de ce que j'ai dit plus haut, au sujet de la faculté intellectuelle de l'animal, et sur la possibilité que l'usage des signes arbitraires fût inhérent à notre essence. D'ailleurs, cette réflexion n'est dictée que par notre orgueil, notre envie, et notre vanité.

Pour ce qui regarde le ressort, j'aurai tantôt à en parler ; mais il faut remarquer ici que le ressort est un corps mis en mouvement par une chose hors de lui.

4°. Si la velléité ou la spontanéité de l'homme n'est pas prouvée, ce que nous appelons velléité pourroit bien n'être qu'un accident, qui dérive du premier mouvement imprimé à la nature par les mains du Créateur ou du mouvement inhérent à la nature.

Vouloir qu'on prouve la velléité de l'homme, c'est vouloir qu'on prouve son existence. Pour celui qui ne sent pas son existence, lorsqu'il reçoit des idées de choses hors de lui, et pour celui qui ne sent pas sa velléité, lorsqu'il agit ou désire, ils sont autre chose que des hommes, et on ne sauroit rien affirmer de leur essence.

Mais comme je sens que cette réponse ne satisferoit guère des philosophes matérialistes, qui pourroient dire, avec quelque apparence de raison, que je ne fais proprement ici qu'éluder la question, je me trouve obligé de répondre d'une façon un peu plus distincte.

Pour prouver que la velléité réside dans l'ame, et qu'elle n'est pas l'effet d'une cause étrangère, il suffit de considérer la volonté dans le cas où il est impossible qu'elle parvienne à son but, c'est-à-dire, dans ces cas si fréquens, où elle passe notre pouvoir.

Posons que la velléité soit l'effet nécessaire d'une cause physique, que la volonté veuille produire un effet physique, que cet effet devra être le déplacement d'un poids de cent livres, et que cette volonté n'ait des moyens ou des forces que pour cinquante; il faudra nécessairement qu'au moment où elle compare ses cinquante livres de force avec les cent livres du poids par l'action, cette volonté soit ou anéantie, ou négative, ou continue. Mais on dira que le cas que je suppose est exactement celui du ressort. Sans entrer ici dans la recherche de la nature du ressort, d'ailleurs infiniment curieuse, je réponds, que les moyens que la volonté emploie peuvent être à la vérité dans le cas du ressort, mais non la volonté elle-même.

Posons qu'un ressort, avec une force de cinquante livres, agisse contre un obstacle de cent livres; il est vrai que l'action du ressort n'est ni anéantie, ni rendue négative, mais qu'elle reste permanente. Mais ce ressort ne continue son action que d'une façon uniforme, c'est-à-dire, avec la force de cinquante livres, de même que les moyens que la volonté emploie, et qui en valent autant. Or, si la volonté étoit une modification causée par les impulsions de parties quelconques de la matière, il faudroit en bonne physique l'un des trois, ou que cette volonté devînt négative, ou qu'elle fût anéantie, ou que son intensité restât la même uniformément à celle des moyens employés, c'est-à-dire, de la valeur de cinquante livres. Mais ni l'un ni l'autre n'arrive dans ces cas : la volonté passe outre, et en veut encore au déplacement des cent livres.

Ce qui est très-remarquable, c'est qu'on trouve souvent par l'expérience, que l'intensité de la volonté s'accroît à proportion que les obstacles augmentent.

Posons que dans ma tête se forme l'idée d'un bel édifice; que je ne me contente pas de cette idée, mais que la volonté me vienne de la réaliser tellement, qu'il existe un édifice conforme à cette idée. Posons encore que je parvienne, à force de frais et de travaux, à me bâtir cet édifice. Posons enfin, que tout soit matière dans l'univers. Il s'ensuit, que depuis l'idée primitive jusqu'à la formation de l'édifice, tout s'est passé de matière à matière, et de mouvement à mouvement. Mais une force quelconque produit son effet, et rien de plus. Or, il est sensible que la force qui a dirigé quelques particules de matière dans mon cerveau, pour former la primitive idée, est bien petite en comparaison de la force qu'il a fallu pour élever et placer les masses énormes qui composent le bâtiment. Par conséquent, il faut de toute nécessité que cette force primitive soit de nature à pouvoir prendre des accroissemens prodigieux par elle-même, et qu'on trouve dans la matière une augmentation progressive autonome de masse, ou dans le mouvement une accélération intrinsèque d'intensité : ce qui est contradictoire à tout ce que nous savons de la matière ou du mouvement; et, par conséquent, la volonté qui a produit l'édifice, n'est ni une force modifiée par le mouvement de la matière, ni une modification de la matière; mais elle est de nature à pouvoir donner elle-même du mouvement à la matière, et à pouvoir modifier ou accélérer ce mouvement; sans quoi il seroit du tout impossible qu'il existât aucune production de l'industrie des hommes ou des animaux.

Après avoir démontré que la nature de la velléité est directement contraire et répugne à ce que nous savons des qualités essentielles de la matière et du mouvement, la liberté de cette volonté n'est pas, à beaucoup près, si incompréhensible.

Il me paroît que ceux qui ont combattu la liberté ont fait des fautes grossières. Ils ont dit, l'homme sage doit prendre de deux partis nécessairement le parti le plus sage; et c'est, ce me semble, proprement substituer l'effet à la cause. Le parti sage à prendre devient la cause, et le choix à faire devient l'effet. On devroit dire, l'homme sage prend nécessairement le parti le plus sage, parce qu'il veut être sage. Ils ont dit, il n'y a point d'effet sans cause; d'accord: mais ils n'ont pas prouvé que toute cause fût effet; et on a pris gratuitement ce qu'on appelle la volonté pour un effet: c'est poser ce qui est en question.

Posons que j'aie à choisir de A et de B. Je choisis A; et l'on me soutiendra que mon choix n'a pas été libre, mais nécessaire. J'avoue que je ne saurois prouver le contraire par l'effet, uniquement parce que le choix est fait, et ne peut se refaire; mais voulant faire la recherche de la liberté, pourquoi prend-on la chose un moment après le choix, c'est-à-dire, lorsque la liberté ne sauroit plus subsister, et pas le moment avant, lorsqu'elle existe encore? C'est alors que je suis tellement libre que je puis faire dépendre le parti que je vais prendre de votre volonté ou de celle d'un tiers. Par conséquent, le parti que je prendrai ne dépend pas des causes qui feront que vous le trouvez bon, juste ou sage, mais uniquement de ma volonté, qui ne sait rien des impulsions qui vous dirigent. Si l'on dit que ma soumission à votre volonté est nécessaire, on prend encore la chose après le fait, et alors cela est aussi incontestablement vrai qu'il est incontestablement faux avant le fait.

Passons à présent à la contemplation des choses qui sont hors de l'homme.

L'homme ne voit d'abord hors de lui que matière, changement et mouvement; mais il voit la matière si distinctement divisée, et les changemens et les mouvemens tellement réguliers, qu'il est parvenu à connoître la matière assez pour la modifier à ses fins, et les mouvemens et les changemens assez pour en deviner les lois. L'un se prouve par l'usage que l'homme fait de ces modifications de la matière, et l'autre par la certitude avec laquelle il prédit l'avenir en astronomie, agriculture, etc. Ce qu'il ignore, c'est l'essence de cette matière, le mécanisme des changemens qu'il voit dans cette matière, et l'origine primitive du mouvement.

Pour ce qui est de la connoissance de l'essence de cette matière, aussi long-temps que l'ame recevra les sensations des choses par des moyens, elle ne connoîtra l'essence de quelque chose que ce soit. L'homme ne sait absolument pas ce que cette matière est; mais il sait, de science certaine, qu'elle est entre autres ce qu'il voit.

Voulant agir sur un corps ou sur la matière, il sent une réaction : il conclut, que du moins le corps pâtit autant que lui-même agit.

Lorsqu'il tend ou comprime un ressort, il sent une réaction constante et durable; et lorsqu'il lâche un peu le ressort, il sent qu'il est lui-même passif, et il en conclut que dans le ressort il y a un principe d'action.

Faisant la même expérience avec un autre ressort, il aura les mêmes effets; mais lorsqu'il tend ou bande ce ressort par la pression de l'autre, également tendu, il ne voit aucun effet; mais il conclut de la première expérience, que ces deux ressorts agissent l'un contre l'autre, sans fin et sans cesse. Il voit dans la gravité, dans l'inertie, dans l'attraction, une action et réaction continuelle; et il conclut de cette réflexion, jointe aux expériences des ressorts, que tout est ressort, et qu'il y a beaucoup plus de principes d'action dans l'univers que d'effets. Ces actions et ces réactions, par rapport aux effets, paroissent bien se détruire mutuellement; mais dans la réalité elles restent éternellement vivantes et agissantes.

Ce qui fait qu'une chose est ce qu'elle est, c'est proprement ce qu'on appelle inertie [1].

---

[1] Le rapport local des choses est le résultat de l'état d'équilibre et de repos parfait du total ou du tout dans chaque moment individuel. L'inertie est donc la mesure dans chaque chose, de la force avec laquelle cette chose tâche de conserver son repos ou son rapport lo-

Ce qui fait qu'une chose est à l'endroit où elle est, ou de la manière dont elle est par rapport aux autres choses, c'est proprement ce qu'on appelle attraction.

Ces deux forces inhérentes à la matière ou à l'univers physique, paroissent donc, comme j'ai dit, agir l'une contre l'autre en direction opposée. Mais voyons, s'il vous plaît, de plus près, la nature de ces deux forces.

L'attraction agit en raison des masses ou

cal actuel ; et cette force dépend immédiatement de l'énergie de la composition de cette chose vis-à-vis de tout ce qui l'environne. Or, cette énergie dépend immédiatement de la quantité de matière, et de la position réciproque des particules de matière qui composent cette chose. Par conséquent, la force d'inertie est proprement la force avec laquelle une chose est ce qu'elle est.

L'inertie n'est donc pas une faculté qui feroit persister un corps dans son état de mouvement ou de repos.

1°. Le mouvement ni le repos ne font pas l'état d'une chose.

2°. La faculté de persister à changer successivement de rapport local, seroit totalement contradictoire à la faculté de persister dans le repos.

3°. Nous avons vu plus haut, que le mouvement, dans un corps, est l'action ou l'effet d'une action externe, continue et présente.

(Note de M. Dumas)

des quantités de matière, et en raison des carrés des distances. Mais l'inertie, c'est-à-dire, la force avec laquelle une chose est ce qu'elle est, ou plutôt le degré d'indestructibilité d'une chose [1], est aussi en raison de la

[1] Le repos d'un corps quelconque est l'état d'équilibre entre l'action de ce corps, et entre toutes les actions sur lui de tout ce qui l'environne. Si pour mouvoir ce corps, il ne falloit que vaincre cet équilibre, une force infiniment petite suffiroit pour mettre tout corps en mouvement. Tout corps est un composé de particules de matière. Toute action sur un corps quelconque, non-seulement tend à le mouvoir, ou à lui faire changer de rapport local, mais elle tend surtout à le détruire en tant que composé, ou plutôt à le dissoudre, ou bien à brouiller les actions réciproques de ses parties les unes sur les autres. Supposons un corps parfaitement mou, c'est-à-dire, dont la cohérence interne, ou bien celle des parties qui le composent, seroit nulle, il ne faudroit qu'une force infiniment petite pour détruire son composé, et pour lui faire changer de rapport local. Supposons un corps dur, dont la masse, ou bien la cohérence interne, soit donné. Supposons que, par quelque obstacle, le mouvement, ou le changement de rapport local de tout ce corps soit rendu imposible; il s'ensuivra que le corps, en tant que composé, sera détruit, si la force qui agit sur lui surpasse la cohérence totale interne, qui est la mesure de son indestructibilité ou de sa force d'inertie.

(*Note de M. Dumas.*)

I. 12

quantité de matière, et en raison de sa po-
rosité, ou, ce qui est encore la même chose,
en raison des carrés des distances des parties
qui la composent. J'en conclus que ces deux
forces ne sont encore qu'une et la même
dans leur principe; et l'univers, avec cette
seule force, cette seule tendance à l'union,
seroit bientôt réduit à l'unité. Par conséquent, il faut plutôt chercher les causes des
changemens de génération, de végétation,
de caducité et de destruction, dans la modification des parties qui composent les individus, que dans la contrariété apparente
de l'inertie et de l'attraction.

Si j'appelle à mon secours l'expérience,
après avoir perfectionné mes organes autant
que possible, je trouve toujours la matière
composée de parties homogènes et hétérogènes.

Or, il est à prouver qu'un certain nombre
de parties homogènes et uniformes compo-
seront, par l'attraction, un tout beaucoup
plus indestructible qu'un certain nombre de
parties hétérogènes, puisque le centre de
gravité de ce tout ou de cet individu coïn-
cide nécessairement avec le centre géométrique de l'individu, formé par la coagula-

tion des parties homogènes et uniformes;
d'où je conclus, que la première coagulation
d'un certain nombre de parties homogènes
et uniformes doit faire naître nécessairement
un principe de régularité.

Ce principe de régularité constitue les
premières semences de tous les individus
physiques, et détermine dans chaque semence la modification de tous les individus
qu'elle doit produire pendant les siècles que
cet univers physique existera [1].

Mettez en terre la semence d'une fleur,
d'une plante, dans un endroit où ni la terre,
ni l'eau, ni l'atmosphère, ne lui fournissent
des parties homogènes à celles qui la composent; aucun effet ne résultera de cette
culture; mais en mettant la même semence
dans un terrain où elle trouve des parties
homogènes à son essence, elle en attire,
elle en entasse, la plante croît; mais l'attraction d'homogénéité ou l'inertie diminue,
parce que le principe de régularité s'affoiblit; et enfin, parvenue à une masse telle que
l'attraction générale ou la gravité surpasse

[1] Πάντα δὲ τὰ ἀνομοιομερῆ σύγκειται ἐκ τῶν ὁμοιομερῶν.

Aristoteles, Περὶ Ζώων.

cette inertie affoiblie ou cette attraction diminuée d'homogénéité, la plante tombe et finit; mais elle finit nécessairement par des parties semblables à sa source, et dont le principe régulier, cette inertie, cette attraction primitive d'homogénéité, se venge encore de la destruction de sa mère-plante sur l'attraction universelle.

Quelles expériences n'y auroit-il pas à faire sur ce principe! car, de ce que je viens de dire suit nécessairement que plusieurs individus, dans les trois règnes, contiennent des parties prolifiques dans bien d'autres endroits que ceux qui nous paroissent uniquement formés pour la génération. Chaque particule du polype, de la trémella, du ver solitaire, est semence. Combien de plantes qui produisent leurs semblables par leurs oignons, leurs racines, leurs tiges, leurs feuilles ! Tout le règne minéral est semence.

Par ce que je viens de dire, il paroîtroit au premier abord assez évident que l'univers physique, composé de parties homogènes et hétérogènes, pourroit, par le seul principe de l'attraction, produire toutes les vicissitudes que nous remarquons dans la

modification des individus qu'il contient; et
l'on peut même se faire une légère idée de
cette opération, avec l'aimant et de la limaille de fer. Mais ce jeu ne sauroit être de
longue durée; car si c'est la même loi par
laquelle les choses sont ce qu'elles sont, et
par laquelle elles tendent à l'union, l'univers physique seroit ou bientôt, ou dans un
temps déterminé et fini, réduit à une seule
masse, dont les parties n'auroient entr'elles
aucun rapport d'où pût résulter un effet;
ainsi, il faut nécessairement que ces parties
aient encore une direction de mouvement
déterminée qui empêche cette union totale.

Nous voyons la chose distinctement dans
la force centrifuge.

Figurez-vous une planète qui parcourt
une orbite quelconque autour de son soleil. L'attraction anéantie, la planète pren-
dra son chemin d'une façon uniforme dans
la tangente de son orbite. Par conséquent,
cette planète a dans soi, ou a reçu d'ailleurs,
une direction de mouvement, qui est autre
que celle qui la mèneroit à son foyer; et il
paroît, par les premiers principes de mécanique, que, quelle que soit cette direction,
pourvu qu'elle soit autre que celle de l'at-

traction vers l'astre principal, elle suffit pour empêcher nécessairement l'union.

Si maintenant on suppose que les parties homogènes ou uniformes de l'univers, dont les premières coagulations forment les semences ou le principe de régularité, soient les seules qui n'aient pas reçu ce mouvement étranger, ou bien les seules qui l'aient reçu dans la direction vers leurs semblables, c'est-à-dire, dans celle de leurs attractions mutuelles; et que les parties hétérogènes soient les seules qui aient, ou qui aient reçu des mouvemens dans les directions autres que celles de leurs attractions, et qui par conséquent permettent bien une approximation quelconque, mais qui empêchent absolument une parfaite union, on verra du moins qu'il ne paroît pas impossible que le mécanisme des changemens dans l'univers soit tel que je viens de le décrire.

Nous avons vu plus haut que l'ame, par sa velléité, a la faculté d'imprimer un mouvement qui est éternel.

Mais comme il s'agiroit ici de la propagation des ames, souffrez plutôt qu'à la place de mes conjectures, je finisse cette partie de ma lettre par une expérience des moins connues et des plus singulières.

Prenez un chien ou quelqu'autre animal mâle, qui depuis quelques jours n'ait approché d'aucune femelle de son espèce; comprimez avec la main les vaisseaux spermatiques, tellement que la liqueur séminale en sorte ; observez cette liqueur au microscope, et vous trouverez un nombre prodigieux des ces particules, ou de ces animalcules de Leeuwenhoek, mais toutes en repos et sans aucun signe de vie. Qu'ensuite on fasse entrer dans la chambre une femelle de la même espèce du mâle, et qu'elle soit en chaleur. Que ces deux animaux, sans s'accoupler, fassent quelques tours de la chambre. Prenez le mâle, et examinez de nouveau sa liqueur spermatique; vous trouverez tous ces animalcules non-seulement vivans, mais nageant tous dans la liqueur, qui est d'ailleurs épaisse, avec une rapidité prodigieuse.

Je le répète, sans l'idée de la réaction l'ame n'a aucune idée ni de ses actions, ni de sa velléité.

La troisième chose que l'homme ignore, c'est le premier principe du mouvement; mais qu'il appelle encore l'expérience à son secours. Il voit, à la vérité, par toute la nature, changement de mouvement, de rapport local, de direction; mais dans aucun cas, sans exception dans toute la nature, il ne voit ni ne s'aperçoit distinctement d'aucune naissance ou commencement de mouvement, sans s'apercevoir que la cause primitive de ce mouvement est la velléité d'un être animé; et il en doit conclure nécessairement, par analogie, que dans tous les autres cas où il n'a pas une perception claire de la naissance ou du commencement du mouvement, la velléité d'un tel être est la cause primitive de tout mouvement.

Avant que de passer à la partie qui regarde l'homme en société, remarquons encore que l'homme, tel que nous l'avons considéré jusqu'ici, ne voit dans l'univers qu'action et réaction, ressort et force agissante. Il voit dans l'attraction, et dans la force centrifuge, deux agens universellement répandus par toute la nature, un effort, un combat continuel entre deux principes contraires; comme il est contradictoire qu'une chose qui existe par elle-même ait deux principes opposés, il en conclut sûrement que l'univers ne sauroit exister par soi-

même , et que par conséquent il existe par
un autre.

Lorsqu'il contemple les modifications réciproques de plusieurs choses particulières ,
par exemple , de l'œil, abstraction faite du
nerf optique , et uniquement considéré
comme une modification de plusieurs corps
diaphanes, il voit que pour former cet œil
il a fallu une géométrie si prodigieusement
transcendante et profonde , qu'elle passe
infiniment tout l'effort de l'esprit humain ;
puisqu'il peut démontrer que sans cette profonde géométrie, et les combinaisons infinies
qui en résultent dans la modification de cet
œil, il est du tout impossible que l'œil produise l'effet qu'il produit [1] : et s'il réfléchit
encore que cette prodigieuse modification
a dû se faire dans la première semence, ou
dans le premier individu, tellement qu'elle
pût subsister dans tous les individus à naître

[1] Ceux qui sont versés dans la géométrie optique ,
pourront voir cette réflexion beaucoup plus détaillée
dans un mémoire de l'illustre Euler, sur la loi de ré-
fraction des rayons de différentes couleurs , par rapport à la diversité des milieux par lesquels ils passent.
Voyez l'*Histoire de l'académie de royale de Berlin ,
de l'année* 1753.

pendant une infinité de siècles, il conclut que l'auteur de l'univers physique, et des individus qu'il contient, est un être intelligent; et comme il se sent soi-même intelligent, il compare cette grande intelligence à la sienne, et il trouve une distance infinie.

Voilà tout ce que l'être qui a la faculté de recevoir, de rappeler et de comparer des idées, considéré comme individu, peut savoir de l'existence de son auteur. Pour ses rapports à ce Dieu, pour les devoirs qui pourroient en résulter, pour les attributs de cet être immense, il n'en sauroit avoir aucune idée; et il pourra dire, avec le sage Philémon :

Θεὸν νόμιζε καὶ σέβου, ζήτει δὲ μή.
Πλεῖον γὰρ οὐδὲν ἄλλο τοῦ ζητεῖν ἔχεις.

Je vais plus loin : je dis, si cet être individu pousse encore ses recherches, pour arriver, s'il se peut, à la connoissance du Créateur; s'il réfléchit qu'une infinité de milliards de mondes, tels que le nôtre, est un rien; qu'il y a non-seulement de la possibilité, mais de la probabilité, d'une progression infinie d'organes qui feroient connoître une progression infinie de faces de l'univers, seulement dans cette proportion, *comme la face tangible est à la face visible, ainsi la face visible est à une autre face, etc.,* il parviendra à une idée sombre d'un tout autre univers; et s'il réfléchit encore que ce riche total n'est qu'une pensée du Dieu suprême, il regarde cette épouvantable puissance avec une horreur sacrée; il sent son anéantissement, sans sentir aucun rapport; et cette connoissance obscure, stérile et triste du Dieu, le rendroit le plus malheureux des êtres.

Nous verrons d'abord qu'il s'en faut de beaucoup que ce soit là le sort de l'homme; mais remarquez en passant quel seroit celui de l'animal, s'il avoit une connoissance de la divinité.

Comme l'organe du tact développe à l'homme individu l'univers en tant que tangible, comme l'ouïe et l'air lui développent l'univers en tant que sonore, comme la vue et la lumière lui développent l'univers en tant que visible; ce qu'il appelle cœur ou conscience, et la société avec des êtres homogènes, lui développent l'univers en tant que moral.

Il n'y a pas plus d'incommensurabilité
entre la face morale de l'univers et la face
visible, qu'entre la face visible et la face
sonore, ou qu'entre la face sonore et la face
tangible, etc.; et toutes ces différentes faces
de l'univers, dont nous avons des perceptions par ces différens organes, sont également et distinctement soumises aux facultés
contemplatives et agissantes de l'homme.

L'amour, la haine, l'envie, l'estime, sont
des mots qui expriment des sensations aussi
distinctes, que ceux d'arbre, d'astre, de
tour, de *ut*, de *re*, de *mi*, de doux, d'a-
mer, d'aigre, d'odeur de rose, de jasmin ou
d'œillet, de froid, de chaud, de dur, de
mou.

S'il se trouve de la différence entre la précision et la netteté de nos perceptions de
ces différentes faces, il faut s'en prendre au
peu d'exercice de l'organe qui est tourné
vers telle face, ou à la contrainte qu'aura
pu lui donner telle ou telle modification
de la société.

Dans la modification actuelle de la société,
nos organes de la vue et de l'ouïe sont les
plus exercés et les moins contraints; ceux
du goût, de l'odorat, du tact et du cœur,

sont plus contraints et moins exercés ; et par conséquent nous avons actuellement des perceptions plus claires des faces visibles et sonores de l'univers , que de ses faces morales , tangibles , etc.

Afin de procéder avec quelque ordre dans la contemplation de l'homme en société, il faut commencer à examiner de plus près cet organe , qui jusqu'ici n'a pas de nom propre, et qu'on désigne communément par cœur , sentiment , conscience ; cet organe, qui est tourné vers la face , sans comparaison , la plus riche et la plus belle de toutes celles que nous connoissons, et dans laquelle résident le bonheur , le malheur , et presque tous nos plaisirs et toutes nos peines ; cet organe , enfin, qui nous fait sentir notre existence , puisqu'il nous fait sentir nos rapports aux choses qui sont hors de nous , tandis que nos autres organes ne nous font sentir que les rapports des choses hors de nous à nous.

Comme l'organe de l'ouïe ou de la vue ne se manifesteroit pas à l'homme qui en seroit doué , s'il n'y avoit pas de l'air et de la lumière ; ainsi, le cœur, la conscience, ne se manifeste dans l'homme qu'au moment

où il se trouve au milieu d'autres êtres ani-
més, d'autres velléités agissans en direction contraire ou conforme à sa velléité. C'est
alors que les passions et les désirs entrent
en foule, que l'ame acquiert son élasticité,
se sent, s'aime, s'estime, et reconnoît sa
source.

C'est ici que je sens avoir besoin de votre
indulgence : le chemin peu frayé que je
prends dans ces recherches, m'obligera sûrement à quelque désordre apparent, à des
redites fréquentes, et à mettre souvent les
mêmes idées dans des jours différens, afin
que nous nous familiarisions avec elles, et
pour que nous ne tombions pas dans l'erreur
de les rejeter parce qu'elles sont nouvelles,
ou de les admettre à cause d'un côté bril-
lant, qui dériveroit peut-être uniquement
de leur nouveauté.

Comme la vue et la lumière me donnent
des idées des choses visibles, dont j'aperçois
les rapports par ma faculté contemplative ou
intuitive, et par conséquent les lois que
ces choses ont entre elles, et qui dérivent de
ces rapports ; ainsi, le cœur et la société,
ou la communication avec des êtres pen-
sants, avec des velléités, des causes primi-

tives, des principes primitifs d'action, me donnent des idées de velléités agissantes, dont j'aperçois les rapports par ma faculté intuitive, et par conséquent les loix que ces velléités ont entre elles, qui dérivent de ces rapports : ce qui me montre une partie de la face morale de l'univers.

Mais cet organe, ce cœur, qui me donne des sensations de cette face de l'univers, diffère de nos autres organes, principalement en ce qu'il nous donne une sensation d'une face dont notre ame, notre *moi*, fait partie; ainsi, pour cet organe, le *moi* lui-même devient un objet de contemplation, et par conséquent cet organe ne nous donne pas seulement, comme nos autres organes, les sensations des rapports que les choses de dehors ont à nous, mais aussi celles des rapports que nous avons à ces choses, d'où résulte la première sensation de devoir.

L'homme individu, comme nous l'avons considéré plus haut, dans toute la perfection de sa faculté intellectuelle, parvient même à une notion de la divinité; mais il ne sauroit avoir aucune sensation de devoir ni envers Dieu, ni envers quoi que ce soit.

Comme l'œil, sans qu'il y eût de la lu-

mière ou des choses visibles, seroit totalement inutile; l'organe que j'appelle le cœur
est parfaitement inutile à l'homme, s'il n'y
a ni velléités agissantes, ni société avec de
telles velléités par les signes communicatifs.

D'un côté, il paroît probable, par quelques insectes, qu'il y a des animaux qui
jouissent d'un organe que nous n'avons pas,
et qui est tourné vers une face de l'univers
inconnue pour nous; et de l'autre, qu'en examinant bien l'économie des animaux sans
préjugés, ce qui est extrêmement difficile,
les animaux manquent totalement de cet organe que j'appelle cœur, et que la face morale de l'univers leur est totalement inconnue : et ceci sert encore à me fortifier dans
l'idée, que la faculté de se servir de signes
pour rappeler ou communiquer les idées,
est inhérente à la nature de la composition
actuelle de l'homme.

L'œil est fait pour la face visible, il faut
donc qu'il y ait de la lumière : le cœur est
fait pour la face morale, il faut donc qu'il
y ait des signes communicatifs.

Pour n'être pas trop obscur, je me suis
conformé jusqu'ici à l'opinion reçue, et j'ai
dénoté également le moyen dont l'ame se

sert pour rappeler les idées , et celui dont elle se sert pour les communiquer , par le mot de *signes ;* mais avant que d'aller plus loin , il sera nécessaire d'examiner maintenant, ce que sont ces moyens ou ces signes.

Lorsque nous faisons attention à nos gestes naturels , c'est-à-dire , aux mouvemens plus ou moins remarquables de certaines parties de notre corps, qui accompagnent constamment telles ou telles idées, ou telles façons de penser ; lorsque nous considérons, qu'en méditant avec une grande intensité d'esprit, un discours ou une action que nous nous proposons de faire , nous nous apercevons de plusieurs mouvemens dans différentes parties de notre corps , qui sont vifs, à mesure que ces parties sont ou proches de la cervelle, ou exercées ; lorsque nous réfléchissons encore à la sensation désagréable et toute singulière que nous avons, en alliant, par exemple, le geste de la gravité ou du désespoir , à une idée risible , nous serons convaincus qu'il y a très-assurément une analogie entre nos idées et entre différentes parties de notre corps.

Ceux qui sont accoutumés à gesticuler en méditant , c'est-à-dire , ceux qui ont la

tête et le corps d'une agilité , ou d'une sensibilité requise, peuvent pousser ces expériences encore , lorsqu'en pensant à quelque
sujet grave ou majestueux , ils font faire à
leur main , ou à quelque autre partie exer-
cée du corps un geste analogue à l'allégresse :
ils s'apercevront que le tour de leur pensée change; et cette expérience est si vraie,
que souvent on adoucit par ce moyen une
phrase forte et dure , et , au contraire , on
donne du nerf et du corps à une expression
ou trop lâche ou trop molle.

Remarquez encore , s'il vous plaît, que
tous ces gestes et tous ces mouvemens de
muscles, qui accompagnent nos méditations,
sont indubitablement naturels ; et que nous
ne les tenons ni de l'éducation , ni de l'imitation.

Il est probable que l'ame de l'homme,
dont la velléité est si vigoureuse que l'impossible même ne la démonte pas , se sert du
mouvement des dernières fibres du cerveau,
pour ses signes de rappel ; il est plus que
probable que les signes communicatifs naturels viennent de la même source.

L'ame, pour se rappeler les idées, met
en mouvement les dernières fibres de l'or-

gane qui sont tournés de son côté ; elle rappelle les idées pour les faire coexister ; elle
les fait coexister pour les comparer et les
contempler ; mais lorsqu'elle veut rendre ou
exprimer ces idées, elle dirige le mouvement des fibres au-dehors, et ce mouvement
se communique à ces parties du systême
nerveux qui répondent à ces fibres ; et alors
sont produits , sous la forme de geste ou
de parole , des mouvemens et des sons , qui
sont uniquement analogues aux idées dont
ils tirent leur origine. Si , enfin , ces mouvemens peuvent imprimer au systême d'un
autre individu des mouvemens uniformes et
isochrones , il faut que ces derniers mouvemens représentent les mêmes idées à l'ame
de cet autre individu ; et par conséquent il
faut qu'un son, une parole ou un geste quelconque produise nécessairement à-peu-près
la même idée dans les ames de tous les individus de la même espèce : ce qui montre
plus que la possibilité d'une langue naturelle et primitive , dont les mots aient été
en même-temps les effets et les signes nécessaires des idées.

J'avoue que notre éducation , et la modification actuelle de la société , si artistement

composée, nous ont tellement mis hors de l'état de nature, qu'il est impossible de constater ce système par un aussi grand nombre d'expériences que l'importance de la chose mériteroit bien ; mais afin que vous ne pensiez pas que la base de ces raisonnemens soit tout-à-fait imaginaire, et manque totalement d'expériences incontestables, je vais en mettre ici quelques-unes au hasard, en vous priant de donner à chacune toute l'attention requise.

1°. Lorsqu'on se trouve dans un endroit où une personne bâille, on bâillera ; mais, ce qui est le plus remarquable, c'est que cet effet aura lieu lors même qu'on aura les yeux bandés.

2°. Lorsqu'on verra bâiller à différentes reprises un cheval, un chien, ou quelqu'autre animal, l'effet sera le même.

3°. Il y a différens mouvemens du nez que nos muscles imitent malgré nous, lorsque nous les voyons faire par une autre personne, ou même par un animal.

4°. Lorsqu'une personne assise à table se coupe par mégarde dans la main, plusieurs des convives feront subitement des contorsions comme s'ils s'étoient coupés eux-mêmes;

et, ce qui plus est, ceux qui n'auront pas vu le coup, feront souvent les mêmes contorsions.

5o. Lorsqu'on regarde la foule qui assiste à quelque supplice cruel, on verra un grand nombre d'hommes, et surtout de femmes, chez qui les mêmes muscles produisent les mêmes mouvemens sur différentes parties de leurs corps.

6o. Si nous regardons un homme dont le cœur se roidit à la vue ou au son de quelque objet désagréable pour lui, nous ferons la même grimace que lui, quoique cet objet ne soit pas désagréable pour nous, et quoique souvent nous ne nous apercevions pas même de l'objet. Quelquefois la mine que nous faisons nous rappelle l'idée d'un objet qui est désagréable pour nous.

7o. Lorsque nous nous trouvons à un concert de musique, nos mains, ou nos pieds, ou d'autres parties de notre corps battront la mesure, tandis que nous pensons à toute autre chose.

8°. A la première représentation de quelque belle tragédie, combien de personnes ne sont pas attendries, qui n'ont entendu aucun mot de ce qu'a dit l'acteur. Par conséquent la cause de leur attendrissement est dans le geste. Combien de pantomimes bien jouées affectent autant ou plus qu'une pièce peu au-dessus du médiocre. Un vers dans une langue qui nous est inconnue, parfaitement bien récité, produit en gros la même sensation qu'elle produiroit si nous savions la langue [1].

9°. Lorsque je vais me promener avec une personne qui a les jambes plus longues ou plus courtes que moi, nos premiers pas ne seront pas isochrones; mais, sans nous en apercevoir, dans très-peu de temps nous marcherons à l'unisson; et lorsque nous allons mettre l'un le pied droit et l'autre le pied gauche en avant tout exprès, nous aurons la sensation désagréable d'un effort contre nature.

10°. Lorsqu'on voit un homme en colère, ou un animal en fureur, sans qu'ils puissent

---

[1] Philostrate, dans la Vie de Phavorin, dit : Διαλεγομένου δὲ αὐτοῦ κατὰ τὴν Ῥώμην, μετὰ ἦν σπουδῆς πάντα· καὶ γὰρ δὴ καὶ ὅσοι τῆς Ἑλλήνων φωνῆς ἀξύνετοι ἦσαν, οὐδὲ τούτοις ἀφ' ἡδονῆς ἡ ἀκρόασις ἦν, et dans la Vie d'Adrien de Phénicie : οὕτω τὴν Ῥώμην πρὸς αὐτὸν ἐπέστρεψεν, ὡς καὶ τοῖς ἀξυνέτοις γλώττης Ἑλλάδος ἔργα παρασχεῖν ἀκροάσεως.

assouvir, l'un sa vengeance et l'autre sa ra-
ge, on aura des tiraillemens de nerfs et de
muscles, des mouvemens subits, fréquens,
inquiets; mais tous ces mouvemens ne sont
pas ordonnés par la velléité, ni prémédités
par la faculté intuitive de l'ame, pour qu'il
en résulte telle ou telle action ou effet. Ces
mouvemens sont les suites nécessaires des
mouvemens primitifs des dernières fibres
qui représentent les idées; comme le mouvement d'un bout de bâton est la suite nécessaire de celui de l'autre bout.

11°. Lorsqu'on médite les choses même
les plus abstraites, on s'apercevra toujours
d'un mouvement plus ou moins foible dans
l'organe de la voix et dans celui de l'ouïe,
qui communiquent nécessairement ensemble; on sentira le commencement ou la fin
d'un son articulé, une parole obscure, un
mot conçu, mais informe encore : marque
certaine que l'ame, en se rappelant les idées,
se sert du mouvement des fibres; car quoiqu'elle n'ait pas la volonté d'exprimer son
idée, ce premier mouvement des dernières
fibres se propage pourtant assez pour qu'on
s'en aperçoive, comme cette expérience le
démontre manifestement.

Je conclus de ces expériences, et de ce qui a précédé :

1°. Que nous avons des organes, comme la vue, l'ouïe, le tact, etc., dont les dernières parties en mouvement représentent les idées des choses de dehors.

2°. Que l'ame a la faculté de reproduire ces mouvemens pour rappeler ces idées.

3o. Que l'ame a la faculté de pousser ces mouvemens des fibres jusque dans l'extrémité du corps, et de l'organe de la voix; d'où naissent les gestes et les sons articulés.

4°. Que par conséquent tel son articulé est la suite nécessaire de telle idée.

5°. Que par conséquent tel mot exprime telle idée.

6o. Que le mouvement produit dans le système d'un individu, produit des mouvemens analogues ou conformes dans le système de l'autre; c'est-à-dire, que le son articulé par un individu, étant introduit dans l'oreille d'un autre individu, donne à l'organe de la voix de cet autre le même mouvement que celui qui a produit le son articulé dans l'organe de la voix du premier.

7°. Que par conséquent le même mot ou le même son articulé exprime dans tous les individus de la même espèce à-peu-près la même idée.

8°. Que par conséquent la langue primitive a été une et nécessaire.

9°. Que l'homme, par sa nature, a des signes communicatifs, ou une langue déterminée; non une langue dont les mots imitent le bruit (par exemple) des choses qu'ils désignent, mais dont les mots sont les résultats nécessaires du mouvement imprimé à l'organe de la voix par le premier mouvement, qui a servi à représenter les idées.

Vous me demanderez, quelle est donc cette première langue naturelle et nécessaire? Il faudroit adresser cette demande à des sauvages, s'il y en a; mais d'ailleurs, je le répète, le travail de tant de siècles a tellement enveloppé la nature dans l'art, que rarement elle perce au travers; et lorsqu'elle perce, elle est toujours encore imbibée, plus ou moins, de la teinture de son enveloppe.

Si pourtant quelqu'un vouloit se prêter à la pénible recherche d'une langue primitive, il la trouveroit sûrement dans la musique sublime, qui n'est qu'un tissu de mots qui lui appartiennent. Lorsque je parlerai

des connoissances humaines, je ferai voir
pourquoi elle y est si méconnoissable.

L'homme individu , tel que nous l'avons
considéré plus haut, n'ayant aucune sensation de la face morale de l'univers, n'en
avoit par conséquent aucune, ni du bien
moral , ni du bien qu'on appelle physique.
Tout ce qu'il voyoit hors de lui, étoit effet,
et effet nécessaire d'autres effets , dont il en-
trevoyoit seulement une cause primitive. La
coexistence de tels effets, ou celle de tels
autres effets, produisoit de nouveaux effets,
qui étoient également et nécessairement analogues à ces coexistences. La composition ou
la décomposition des choses , n'étoient ni un
bien, ni un mal; c'étoit un changement. Il
avoit peut-être l'idée du mal par celle de la
douleur, en supposant que cette idée n'est
pas tout-à-fait une idée factice; mais aussitôt
que les signes communicatifs , naturels à
l'essence de l'homme, eurent produit un
commerce d'idées et de sensations entre différentes velléités et différentes causes primitives d'actions, l'homme eut des sensations
réelles des souffrances et des jouissances
d'êtres homogènes à lui : il compara l'état
des autres au sien ; ce qui fit éclore l'idée

du bien, tant moral que physique ; de même
que l'idée de la multiplicité des choses, et
celle de la succession des événemens, avoient
fait naître les idées de l'étendue et du temps ;
et comme, dans la face visible, l'idée de
grandeur produit nécessairement l'idée de
l'infini ; ainsi, dans la face morale, l'idée
du bien devoit produire celle du meilleur.
L'idée de plus grand, ou de l'infini, qui
dérive de l'idée de grandeur, n'est pas une
idée seulement d'une chose possible ou imaginaire ; c'est l'idée d'une chose nécessaire.
Grandeur étant donnée, la réelle existence
du plus grand, ou de l'infini, est nécessaire.
Le bien étant donné, l'idée de meilleur, ou
du meilleur, qui en dérive, n'est pas l'idée
seulement d'une chose possible, mais d'une
chose nécessairement existante.

Comme la grandeur, appliquée à une
chose réelle, a pour cause, puissance ; ainsi,
le bien, appliqué à l'état d'une essence, a
pour cause, bonté. De la grandeur finie, je
suis monté à l'étendue de l'univers, et par
conséquent de la puissance finie à la puissance infinie ; ainsi, je monte du bien au
meilleur, et par conséquent de la bonté finie
à la bonté infinie.

Voilà les premiers pas de l'homme doué de l'organe moral. Quelle distance de lui à l'individu, tantôt épouvanté de l'énorme puissance !

Figurez-vous un homme aveugle, qui puisse entendre la marche pesante du vaste globe du soleil par-dessus sa tête; la terreur l'néantit : donnez-lui la vue, il adore l'aimable objet de sa crainte.

De l'organe du tact résultent trois espèces de sensations différentes : celle de l'impénétrabilité, celle de la chaleur et celle de l'agréable.

De l'organe de l'ouïe résultent trois espèces de sensations différentes : celle de la mesure, celle du son et celle de l'harmonie [1].

---

[1] Il faut remarquer ici, et il faudra s'en souvenir dans la suite, que l'harmonie et la mélodie ne sont proprement qu'une seule et même chose. L'harmonie est le résultat du rapport de deux sons coexistans, ou plutôt de deux idées de deux sons coexistans. La mélodie est le résultat du rapport entre le son existant et le son passé ou futur. Mais si l'idée du son passé, et souvent du son futur, ne coexistoit pas avec l'idée du son actuellement existant, il n'y auroit pas de mélodie. Par conséquent, la mélodie est le résultat du rapport de deux idées coexistantes, et ainsi la même chose proprement que l'harmonie.

De l'organe de la vue résultent trois espèces de sensations différentes : celle de
terme et de contour, celle de couleur et
celle de la beauté.

De l'organe moral résultent trois espèces
de sensations différentes : celle de motif ou
de désir, celle de devoir et celle de la vertu.

Remarquez, je vous prie, que dans ces
quatre organes il y a quatre sensations qui
paroissent avoir beaucoup de rapport ensemble : celles de la vertu, de la beauté,
de l'harmonie et de l'agréable; ou bien celles
de leurs contraires, du vice, du laid, du
dissonnant et du désagréable. On pourroit
en conclure, ou que l'organe moral a une
communication avec les autres organes, ou
bien que les faces de l'univers qui sont tournées vers ces différens organes, ne sont pas
si extrêmement dissemblables qu'elles nous
le paroissent au premier abord.

Ces deux conclusions sont probablement
vraies ; mais je fais cette réflexion principalement pour faire voir qu'il ne faut pas
confondre la faculté intuitive, ou intellectuelle, avec l'organe moral.

La faculté intellectuelle, ou intuitive,
forme l'idée générale de vertu, de la sensa-

tion de désir ou de motif, et de celle de devoir. Elle forme l'idée générale de beauté, de la sensation de terme ou de contour, et de celle de couleur. Elle forme l'idée générale d'harmonie, de la sensation du son, et de celle de la mesure. Elle compose, dans ses actions, ses desirs et ses devoirs tellement qu'il en résulte la vertu. Elle compose, dans ses tableaux, ses contours et ses couleurs tellement qu'il en résulte la beauté. Elle compose, dans sa musique, les sons et la mesure tellement qu'il en résulte l'harmonie.

Ménédème l'Eretrien prétend, avec raison, que la justice, la prudence, le courage, sont des noms de parties ou de différentes modifications de la vertu. C'est ainsi que l'élégant, le gracieux, sont des noms de différentes modifications de la beauté; et que le pathétique, le terrible, etc., sont des noms de différentes modifications de l'harmonie.

Une marque certaine que nous avons les sensations de l'amour, de la haine, de l'estime, par le moyen d'un organe, c'est qu'aucun homme, quelque peu cultivé qu'il puisse être, ne se trompe dans ses sensations, non

plus que dans les idées d'un arbre , d'une
tour , ou dans celles du *ut* , du *re* , du *mi*.
Tous les hommes en ont les mêmes sensations, à proportion de la perfection réciproque de leurs organes. Mais de la justice,
de la prudence, du courage, de l'élégant,
du gracieux, du pathétique, du terrible,
du velouté, de la rudesse, ce n'est pas la
même chose ; ces idées sont des parties ou
des modifications de la vertu, de la beauté,
de l'harmonie et de l'agréable , qui dépendent toutes, comme j'ai dit, de l'intelligence,
qui les réduit toutes à l'idée générale et re-
lative de bon et de mauvais.

Le bon et le mauvais ne sont pas des choses
contraires ; c'est la modification de la société , et celle de nos actions par rapport à elle,
qui nous a placés exactement au milieu ,
entre ce que nous appelons bon et mauvais.
Ce que nous appelons indifférent , est entre
deux ; et c'est de cet indifférent que nous
avons appris à commencer de compter,
pour apprécier le degré de bonté ou de mau-
vaiseté des choses ou des actions.

Jusqu'ici j'ai considéré les différentes sensations que nous avons par les différens organes , autant qu'elles paroissent analogues

entre elles, afin de faire sentir que la face
morale de l'univers se manifeste aussi bien
par le moyen d'un organe que toutes les autres faces ; mais j'ajoute que cette analogie
est parfaite, pourvu qu'on fasse attention à
ceci.

Nous sommes passifs dans toutes les sensations que nous avons des différentes faces
de l'univers ; nous sommes passifs dans les
sensations d'impénétrabilité et de chaleur,
de mesure et de son , de contour et de couleur, de désir et de devoir.

Mais, dira-t-on , dans les sensations de
désir et de devoir, la chose pourtant paroît
être un peu autrement, parce qu'on dit :
je désire et je dois.

Dans les sensations de désir et de devoir,
nous sommes réellement passifs, tant que
nous ne considérons que les désirs et les
devoirs des autres, ou tant que nous considérons des désirs et des devoirs remplis dans
des actions qui ne sont pas les nôtres ; et la
différence apparente entre la nature de l'organe moral , et entre celle des autres organes, résulte uniquement de ce que pour
cet organe le *moi* lui-même devient un objet
de contemplation, comme toutes les autres

choses connues sont des objets de contemplation pour nos autres organes.

Supposons que ce *moi*, qui tient à présent à la face morale, tînt à la face sonore, et que par conséquent le *moi* fût un objet de contemplation pour l'ame par l'oreille, comme il l'est maintenant par l'organe moral, notre velléité intelligente et contemplative auroit la faculté de le modifier tellement, qu'il résulteroit une harmonie entre lui et les objets sonores hors de lui, et nous aurions une sensation distincte, intime, identique et fort désagréable de la dissonance entre le *moi* et les choses hors de lui.

Cette sensation distincte, intime et désagréable de dissonance, dont on peut même se former une idée, est le tableau le plus parfait du remords de la conscience, qui suit nécessairement l'intuition d'une mauvaise action qu'on vient de commettre.

Ayant démontré, autant qu'il m'a été possible, par l'analogie de toutes nos façons d'apercevoir, la grande probabilité de l'existence réelle d'un organe moral, je ferai quelques réflexions encore, qui pourront servir à la constater; mais, avant tout, je vous supplie de faire cette observation, que

I. 14

nous avons appris à appeler matériel et physique tout ce dont nous avons des idées distinctes et individuelles, et que si nous avions de telles idées de ce que nous appelons immatériel, nous appellerions cet immatériel même physique et matériel.

Lorsque nous entendons de grands et de sublimes accords en musique, lorsque nous voyons une chose nouvelle, étonnante et inattendue, lorsque nous entendons, que nous lisons le récit d'une action frappante, héroïque et généreuse, nous pâlissons, nous frémissons, nous sentons une espèce de roidissement de cœur, accompagné d'une titillation dans les veines, jusque dans les dernières extrémités du corps.

Lorsque nous voyons un homme vertueux persécuté et terrassé par sa mauvaise fortune, et implorant notre secours; en soulageant ses peines nos larmes coulent, ou de pitié, ou de plaisir.

Des personnes, heureusement assez sensibles pour faire souvent ces espèces d'expériences, sentiront incontestablement, que jamais l'ame n'est plus passive que dans ces momens; et que, bien loin que l'ame soit la cause de ces effets, elle fait, par éducation, des efforts, très-souvent inutiles, pour retenir les pleurs et conserver à son corps une contenance décente.

Ces effets, ou ces mouvemens des parties du corps, ont nécessairement une cause ; cette cause doit être ou la velléité de l'ame qui habite ce corps, ou le mouvement imprimé par quelque corps étranger.

Supposons qu'il n'y ait pas de véhicule particulier pour les sensations de la face morale, et que les idées de ces accords, de cette chose nouvelle, de la belle action du vertueux persécuté, ne nous viennent que par le chemin des yeux et des oreilles, tous ces objets, en tant qu'ils tiennent à la face visible ou sonore, nous sont totalement indifférens ; par conséquent, le mouvement imprimé aux fibres des organes de la vue et de l'ouïe, ne sauroit produire dans le corps les prodigieux effets que ces objets y occasionnent ; et ainsi il faut que ces fibres donnent une espèce de mouvement à l'organe moral, dont les plus grands efforts se manifestent effectivement vers le cœur et dans le sang.

Je pourrois ajouter d'autres choses encore, pour démontrer que les organes même de l'odorat, du goût et du tact, peuvent communiquer une espèce de mouvement à l'organe moral ; mais je finis cette partie de ma lettre, en remarquant que, puisque l'organe moral tient par sa nature à la même face que l'ame même, il y a de l'apparence qu'il ne la quittera jamais.

Il est évident, par tout ce que je viens de dire sur l'organe moral, que le rapport de chaque individu, soit à l'Être Suprême, soit aux autres velléités agissantes, est mesuré par le degré de perfection ou de sensibilité dans l'organe : ce qui revient au degré d'homogénéité ou de possibilité d'union d'essence, dont il est parlé dans ma *Lettre sur les désirs.*

Il est encore évident, que les devoirs ne résultent que de ces rapports, et sont par conséquent proportionnés à la perfection de l'organe moral. Il s'ensuit que celui qui a l'organe moral le moins sensible, a proprement et naturellement le moins de devoirs à remplir, et est en même temps l'être le moins parfait : et c'est en quoi consiste la seule raison véritable de la constitution de ces hommes malheureux, qui se sont rendus célèbres par des cruautés atroces.

Comme la velléité, considérée dans soi-même, et abstraction faite des effets bornés et finis qui en résultent, est également forte et infinie dans tous les individus; ainsi, au contraire, la perfection de l'organe moral diffère dans tous les individus; et par conséquent deux individus quelconques ont proprement des devoirs différens à remplir, non par rapport aux lois factices et machinales de la société, mais par rapport aux lois naturelles, et à l'ordre éternel qui dérive de la coexistence des choses. Il y a des hommes dont l'organe moral est si sensible, ou dont la conscience sent des rapports si éloignés, que, pour ainsi dire, ils ne peuvent être membres de la société actuelle.

Brutus tuant César, commit un crime aux yeux du peuple, et peut-être vis-à-vis de la société ; mais dans l'ame de Brutus, cette action étoit sans doute conforme à l'ordre éternel.

Le plus grand bonheur auquel il paroît que l'homme puisse aspirer dans tous les temps, réside dans l'accroissement de la perfection ou de la sensibilité de l'organe moral : ce qui le fera mieux jouir de lui-même, et le rapprochera de Dieu, et des principes actifs subalternes.

La plus grande sagesse à laquelle il puisse prétendre, consiste à rendre toutes ses actions, et toutes ses pensées analogues aux impulsions de son organe moral, sans se mettre en peine des institutions humaines, ou de l'opinion d'autrui.

Timoléon fut auteur et témoin de la mort de son frère, tyran de sa patrie. Timoléon, tant qu'il vécut dans son jardin hors de Corinthe, fut accablé de tristesse et de remords. La réflexion de Plutarque à son sujet est juste et remarquable : ὅλως αἱ κρίσεις, ἂν μὴ βεβαιότητα καὶ ῥώμην ἐκ λόγου καὶ φιλοσοφίας προσλάβωσιν ἐπὶ τὰς πράξεις, σείονται καὶ παραφέρονται ῥαδίως ὑπὸ τῶν τυχόντων ἐπαίνων καὶ ψόγων, ἐκκρουόμεναι τῶν οἰκείων λογισμῶν. — αἰσχρὸν γὰρ ἡ μετάνοια ποιεῖ καὶ τὸ καλῶς πεπραγμένον.

Passons maintenant à la contemplation de la société, et à quelques réflexions sur les connoissances humaines.

L'être qui a la faculté de sentir et d'agir, possède tout ce dont il a des sensations, et sur quoi il peut agir en tant qu'il y peut agir. Son pouvoir et son droit ne sont qu'une seule et même chose. Son désir est le seul motif de ses actions. Mais lorsque, par l'organe moral, il a de la communication avec d'autres individus de la même espèce, son *moi* se multiplie par le nombre des individus qu'il connoît, et qui composent la société.

Supposons que dans la société primitive tous les individus fussent parfaitement égaux en intelligence, en activité, etc., et que l'organe moral fût absolument parfait, tellement que chaque individu eût des sensations aussi fortes des jouissances et des souffrances des autres individus, que de son propre état, il est évident que la loi fondamentale et naturelle de cette société seroit la loi de l'équilibre, que chaque individu aimeroit tout autre individu comme soi-même, que chaque individu préféreroit nécessairement le bonheur de tous à son propre bonheur.

Supposons que dans la société primitive tous les individus fussent différens en intelligence, en activité, etc., et qu'il n'y eût point d'organe moral; ces individus, par le droit du pouvoir, se détruiroient bientôt, en tant qu'ils seroient destructibles.

Supposons encore les individus inégaux, mais doués de l'organe moral dans toute sa perfection; la loi naturelle de cette société seroit encore celle de l'équilibre, et dans chaque individu le bonheur de tous prévaudroit sur celui de chaque individu.

Mais supposons les individus inégaux, et que la perfection de l'organe moral dans les individus soit différente, tellement qu'un individu ait des sensations plus fortes ou plus foibles de l'état des autres, que l'autre individu ; et supposons que celui de tous les individus qui a l'organe moral le plus parfait, ait pourtant une sensation beaucoup plus forte de son propre état, que de celui des autres, il s'ensuivra que chaque individu évaluera le bonheur de tous, à proportion de la perfection de son organe moral.

Considérons à présent ces individus comme tenant aussi au physique, et habitant des corps. Ces corps avoient des besoins temporels ; mais il étoit originairement si naturel et si facile de satisfaire à ces besoins, que l'individu dont le corps étoit le plus robuste, et dont l'organe moral étoit le moins parfait, n'auroit occasionné aucune inégalité ni désordre sensible.

Mais l'homme abusant de cette singulière faculté attractive de l'ame, se fit une idée de possession et d'accroissement de son être, qui donna le jour à la fausse et ridicule idée de propriété : il raffina cette idée, forgea des signes représentatifs de ses possessions, et toute égalité fut détruite. Par-là l'homme devint tout physique vis-à-vis de la société. Un homme qui avoit cent arpens de terre, et cent esclaves, étoit une seule masse, qui ne fut rien pourtant en comparaison de la masse d'un homme qui avoit cent mille esclaves et autant d'arpens.

Pour prévenir la destruction totale qui devoit résulter nécessairement du choc continuel de ces masses, on employa le mécanisme de la législation.

La loi que l'intelligence créa sur la contemplation des effets qui tiennent tous aux faces physiques, remplaça l'organe moral, qui devint inutile, et dont par conséquent on oublia l'usage. Il est vrai que la loi, dans toute sa perfection, empêcheroit toute mauvaise action en tant qu'effet; mais l'organe moral, dans toute sa perfection, en rendroit la cause impossible.

L'homme, né libre, devint esclave de la législation [1], qui ne fut utile et nécessaire

---

[1] Ὁ δὲ νόμος τύραννος ὢν τῶν ἀνθρώπων, πολλὰ παρὰ τὴν φύσιν βιάζεται, dit Protagoras chez Platon.

qu'aux individus, en tant qu'ils tiennent au monde physique.

De là suit, que la société actuelle elle-même n'est qu'un objet physique, et que les lois qui la gouvernent n'ont proprement pour but que des effets physiques, et nullement le bien-être interne et réel de chaque individu, qui dérive de ses rapports à l'Être Suprême, ou à d'autres velléités agissantes.

Si les hommes avoient pris à tâche de donner une modification à la société, où il y eût le moins de religion et le moins de vertu possible, il est évident qu'ils n'auroient pu s'y prendre mieux qu'ils n'ont fait. Ce qui nous reste réellement de religion et de vertu, nous ne le devons qu'à la nécessité où la législation se trouvoit d'en faire pourtant une roue principale dans la machine qu'elle se proposoit de composer; et encore ne se soucie-t-elle pas de la nature de cette religion, ou de cette vertu, pourvu qu'elles ne produisent pas d'effets physiques qui pourroient choquer le mouvement uniforme de son grand automate.

J'ai dit ailleurs que la religion ne résulte que du rapport de chaque individu à l'Etre Suprême. Nous venons de voir que ce rapport ne se manifeste que par l'organe moral.

La législation vit trop tard que l'organe moral s'anéantissoit de jour en jour, à mesure que l'activité des hommes fut circonscrite, déterminée et administrée par les lois. Elle vit trop tard, que pour la stabilité de son empire elle avoit besoin de cet organe pour trois choses: pour donner de la valeur au serment; pour faire naître l'amour de la patrie, et pour inspirer les vertus qu'on appelle guerrières.

Pour le serment, on eut besoin de la religion; mais comme la vraie source en étoit tarie, on eut recours ou à des révélations supposées, ou à des religions d'institut.

Pour avoir l'amour de la patrie, on donna une partie de la force législative à chaque individu; et pour cultiver les vertus guerrières, on lâcha l'homme dans l'occasion comme on lâche un dogue, et lui laissant pour quelques instans sa liberté entière, on lui permit d'être aussi brave et aussi féroce qu'il voulût. Notez encore, que la gloire et les lauriers, attachés à ses victoires, achevèrent d'éluder des impulsions sacrées de l'organe moral.

Avant que d'aller plus loin, je serai obligé

de parler de la religion; et comme dans cet écrit je n'ai eu d'autre but que de voir jusqu'où la seule lumière de ma raison pourroit me mener, je traiterai de la religion comme si je n'avois jamais reçu des lumières extraordinaires, ni par l'éducation, ni par tradition, ni par la foi, ni par des miracles; et j'ajoute que si j'avois à combattre l'esprit d'irréligion du siècle, jamais assurément je ne prendrois d'autre chemin.

Le rapport de l'individu à Dieu tient à la face morale de l'univers, et par conséquent on en a la sensation par l'organe moral.

Le degré de proximité de ce rapport, autant que nous en pouvons avoir une idée, dépend du degré de perfection de l'organe moral.

La religion est le résultat du rapport de chaque individu à l'Etre Suprême.

Ce résultat, ou cette religion, consiste dans l'accomplissement de nos devoirs envers Dieu; et ces derniers ne peuvent consister qu'en deux choses, du moins dans l'état actuel où nous sommes.

1°. Dans le culte, qui dérive de l'admiration et de l'amour qui suivent nécessairement la contemplation réfléchie, ou plutôt de la sensation morale de la toute présence de cet être immense.

2°. Dans le soin que nous prenons de faire en sorte que toutes nos pensées et tous nos désirs soient devant l'Etre Suprême, qui voit tout aussi conforme à l'ordre éternel, en tant que nous le connoissons par la conscience, que nos actions le paroissent à l'ordre civil, aux yeux de la société ou du gouvernement.

Si l'on fait abstraction de tout ce qu'on pourroit savoir par la révélation, le culte ne sauroit consister raisonnablement que dans des actes de reconnoissance; la prière, considérée comme un acte qui pourra produire un changement favorable dans la volonté de l'Etre Suprême, n'y entre pas.

La prière suppose de l'insuffisance dans celui qui prie, et du manque de volonté ou d'attention dans celui que l'on prie. Si la prière est exaucée, celui qui prie a fait changer la volonté de l'autre, ou il a éveillé son attention. Or, il paroîtroit de la plus grande absurdité d'appliquer de telles idées à l'idée du Dieu tout-puissant et présent, créateur et conservateur de l'univers. Mais la révélation étant manifeste, prouvée ou établie, il est évident que, sans compter que la prière y est enseignée, son absurdité disparoît, puisque la révélation donnant elle-même déjà un exemple d'un changement de volonté dans Dieu, non-seulement à l'égard des hommes en général, mais à l'égard même de tel ou tel individu, il s'ensuit qu'un tel changement de volonté est possible.

D'ailleurs, l'insuffisance d'un être borné, le sentiment de la possibilité ou de l'existence d'un être plus puissant, la possibilité d'un changement d'état, et l'espérance d'un tel changement rendent la prière fort naturelle à tout être imparfait qui sent et qui raisonne.

Si l'on considère encore la prière indépendamment de la possibilité ou de l'impossibilité de son effet de la part de celui auquel elle est adressée, on verra, par mille expériences, que des hommes de toute espèce, dans les souffrances et dans la douleur, trouvent souvent dans la prière un repos et une tranquillité, dont leur état ne paroîtroit guère susceptible : c'est alors que leur organe moral est mis en action; ce qui seul peut les distraire de toute autre sensation qui leur viendroit par les autres organes; et c'est alors que la prière produit dans tous les hommes à-peu-près le même effet, que les pensées grandes et élevées produisent dans l'ame du philosophe éclairé.

Je ne parlerai pas de la sensation violente qu'on éprouve, lorsque l'organe moral est actif et tourné vers l'Etre Suprême; ceux qui l'ont senti, savent les étonnans effets qui alors sont produits dans tout le système de l'individu. Ceux qui sont assez malheureux pour n'avoir jamais eu de telles sensations, soit par la foiblesse naturelle de l'organe, soit pour ne l'avoir pas cultivé, ne me comprendront pas.

Il me reste à parler des cultes établis; et si jamais il est de la décence de se défendre contre les préjugés, c'est sans doute dans un cas aussi intéressant que celui-ci.

Comme presque tous les cultes se fondent sur des révélations, il faut commencer par approfondir ce que c'est que la révélation.

La révélation suppose que l'homme n'est pas tout ce qu'il devroit être, et que les moyens dont Dieu se sert pour conserver la vie et le bien-être temporel de l'homme, ne suffisent pas pour le rendre ce qu'il devroit être, mais que Dieu a besoin d'autres moyens. La révélation enfin, suppose qu'il

est nécessaire pour notre salut que nous
ayons des idées, plus ou moins claires, ou
d'une face de l'univers qui n'est pas tournée
du côté de nos organes, ou d'un rapport à
Dieu qui tient à une autre face que celle
que nous connoissons, ou de quelques vérités obscures qui tiennent à la face de l'u-
nivers que nous connoissons.

Dans les deux premiers cas, cette révélation doit se faire nécessairement à chaque
individu, et par forme d'infusion : à chaque
individu, parce qu'aucun individu n'auroit
la faculté, manque de signes communs, de
nous communiquer des idées des choses qui
ne tiennent ni à la face de l'univers que
nous connoissons, ni à notre façon actuelle
d'apercevoir et de sentir ; par forme d'infusion, parce que tous nos signes tiennent à
la face de l'univers que nous connoissons,
et que par conséquent nous ne pourrions
acquérir aucune de ces idées par le rappel,
ni par l'apparition d'aucun de nos signes,
qui tiennent tous à nos organes actuels.

Dans le dernier cas, ou Dieu manifesteroit actuellement l'objet de cette vérité ou
l'image de cet objet, et alors chacun des
individus présens en auroit la sensation ;

ou Dieu mettroit en mouvement les fibres de nos organes, pour nous donner des idées analogues à cette vérité, et alors chacun de ces individus recevroit une révélation.

Mais Dieu pourroit manifester l'objet à un seul individu, ou toucher les fibres d'un seul individu, et dans ce cas-là, il s'agiroit de la foi. Qu'est-ce que la foi ?

La foi est la faculté de pouvoir croire ce qui n'est pas croyable, ou de vouloir croire ce qui ne paroît pas croyable, ou de croire ce qui paroît croyable.

Dans les deux premiers cas, il faut nécessairement un acte particulier de l'Etre Suprême; et dans le dernier, chaque individu est également passif; car il ne dépend pas de lui qu'une chose lui paroisse croyable : par conséquent, il faut encore une action particulière de Dieu sur l'ame de chaque individu; et par conséquent, il est très-vrai que la foi ne sauroit être qu'un don particulier de Dieu.

Sans compter que, dans la supposition de la nécessité d'une révélation, il y a une probabilité infinie que les vérités que nous devrions savoir tiennent à une autre face de l'univers que celles que nous connoissons,

puisque ces vérités dérivent du rapport de
Dieu à nous, il paroît clair, dans tous les
cas, qu'aucun individu, quelque révélation
qu'il pût avoir reçue, ou quelque miracle
qu'il pût faire, ne sauroit avoir le moindre
droit sur la croyance, ou sur la foi de son
semblable, ou sur le rapport que son semblable pourroit avoir avec l'Etre Suprême.

Lorsqu'on veut juger des religions reçues,
surtout dans des siècles où les législateurs
les ont confondues et mêlées avec les consti-
tutions politiques, il faut faire préalable-
ment cette réflexion, qu'elles ne se montrent pas d'abord toutes nues, comme la vérité, mais tantôt décorées par les sciences
et les vertus des hommes, tantôt défigurées
par les lois, les coutumes, les mœurs du jour,
par l'art même, et tantôt dégradées et salies
par le fanatisme, les vices et les passions.

Si les arts et les sciences s'étoient rétablies
et perfectionnées dans l'Asie comme dans
l'Europe, ne croyez pas que le mahométisme
nous paroîtroit maintenant aussi absurde
qu'il l'est.

Chez les anciens, les poëtes se sont d'a-
bord emparés d'une religion dont le polythéisme fut l'objet, et qui fut peut-être leur

ouvrage. Dans ces temps, les poëtes tenoient de plus près au peuple et aux prêtres que les philosophes ; et ces derniers étoient ou trop honnêtes gens, ou trop prudens, pour vouloir ou pour oser l'arracher des griffes de l'enthousiasme et du fanatisme, afin de la faire cadrer, le plus qu'il fût possible, avec les vraies idées de Dieu et de la vertu.

A la renaissance des sciences et des arts, la religion chrétienne, méconnoissable en sortant des mains des barbares, après avoir passé par celles des platoniciens, tenoit, et en quelque façon par sa nature, au calendrier, à la chronologie, à l'astronomie, et par elle à toutes les sciences exactes. Elle marcha de pair avec ces sciences, qui, en se perfectionnant, ôtèrent à la religion les haillons difformes dans lesquels elle étoit enveloppée par la stupidité monacale ; mais ce vernis étrangement mystique, qu'elle tenoit de l'école abâtardie de Platon, étoit trop du goût des prêtres, qui aimoient mieux le colorer devant le peuple à leur fantaisie, que de le voir effacer par les mains de la philosophie.

Il paroît assez, par ce que je viens de dire, qu'il est beaucoup plus difficile encore de monter à la source d'une religion, qu'à celle d'une secte de philosophes. Toutes les deux acquièrent par le temps des modifications étrangères; mais les religions passant par les mains de tous les hommes, leurs accroisse-mens en sont d'autant plus hétérogènes et monstrueux. Par conséquent, il est presque impossible de se représenter la religion chrétienne dans toute sa pureté, et de se former une idée juste des jours et des événemens de sa naissance.

Juger le christianisme sur le commun des chrétiens d'à présent, seroit la chose la plus absurde. J'ai touché autre part le peu d'élévation de leurs vertus et de leurs vices, suite nécessaire du mélange de la religion avec la vertu civile. Mais considérez, je vous prie, de quelle façon ils se conduisent envers Dieu. Ils lui demandent pour eux ou pour leurs princes une longue vie, des richesses, des prospérités et des victoires, qu'ils ne sauroient obtenir qu'à la charge de leurs semblables, qui demandent exactement les mêmes choses au même Dieu. Ils veulent lui faire accroire que toutes leurs guerres ne sont que défensives, et qu'ils ne font tous que prévenir ou empêcher des injustices.

Les payens en agirent plus conséquemment,
en demandant la destruction de leurs enne-
mis, chacun à son dieu tutélaire ou national : ces dieux pouvoient être mal ensemble.
Enfin, ils ne rougissoient pas de rendre
graces à l'Etre dont émane la vie de l'univers entier, d'avoir ôté, par ses bénédic-
tions, la vie, autant qu'il fut en eux, à un
certain nombre de leurs frères. Il faut
avouer, qu'en regardant l'homme de ce
côté, il paroît bien absurde et bien petit
Pourtant il ne l'est pas. Heureusement sa
petitesse est son ouvrage, et la suite nécessaire du mécanisme de la société artificielle.

O quam contempta res est homo, nisi supra hu-
mana surrexerit!

Considérons maintenant d'un œil philosophique l'oraison dominicale.

Le chrétien y commence par glorifier son
Créateur, autant que l'état borné où il se
trouve le lui peut permettre. Il souhaite
que le royaume de son Dieu advienne, c'est-
à-dire, son approximation à la source de
toutes choses. Il soumet toute velléité à la
velléité suprême. Il demande son besoin
physique pour le moment dans lequel il

parle, sans se soucier du moment physique qui va suivre. Il sent tellement son rapport à Dieu, c'est-à-dire, sa conscience est tellement en repos du côté de ce qu'il désire et médite, qu'il ose demander au Dieu tout présent qu'il le traite, comme lui il traite ses semblables.

Avouez qu'ici le chrétien paroît un Dieu subalterne, qui parleroit à son père.

Il ne s'agit ici ni de votre croyance, ni de la mienne, ni de celle d'un tiers; mon but est, comme j'ai dit, de voir à quoi la raison, ou la faculté intuitive toute pure nous mène, et c'est dans ce but que je vais finir cet article de la révélation par la réflexion suivante.

Si l'on ôte à la religion chétienne tout ce qui paroît postiche ou faux, et qu'on rejette toutes les interprétations que des hommes ont eu l'impudence de donner de ce qu'ils annonçoient comme la parole du Dieu Suprême, on trouvera que l'institution de la religion chrétienne ressemble le plus à une révélation; que c'est cette religion seule qui appelle l'homme à un bonheur individuel; que c'est elle seule qui détache l'homme des liens de la société artificielle, et qui le rend à lui-même; et enfin, qu'il n'y a qu'elle qui ne considère les devoirs de l'individu envers la société, qu'en tant qu'ils ont du rapport aux devoirs de l'individu envers l'Etre Suprême, qui seuls constituent le vrai bonheur de l'individu.

Sans compter même que la religion chrétienne est encore le soutien le plus ferme de la société actuelle en Europe, cette réflexion devroit seule suffire aux incrédules, pour leur faire regarder cette religion au moins comme respectable.

J'aurois dû parler encore de l'extravagance des adorations d'astres, d'animaux et de plantes; mais il suffit de remarquer que l'organe moral nous donne des sensations réelles de la présence de l'Etre Suprême; que non-seulement les autres organes communiquent du mouvement à l'organe moral, mais que celui-ci à son tour en communique souvent aux autres organes; et que c'est delà que dérive la cause de ces étranges objets de culte qu'on a vu parmi les hommes.

J'ai dit plus haut, que peut-être les poëtes étoient les auteurs du polythéisme, et de toutes ces divinités de figure humaine, qui

occupèrent les cieux et les enfers des payens.
On a accusé Homère d'avoir trop rendu les
dieux des hommes et les hommes des dieux:
mais voyons encore si cette déification des
hommes, et cette humanification des dieux,
étoit une chose aussi absurde; et si jamais le
gros des hommes a changé beaucoup sa façon de penser sur ce sujet.

Tous les hommes sains et bien conformés
ont une sensation, plus ou moins distincte,
de l'existence réelle et nécessaire de la divinité, sans même que l'intelligence y entre
pour rien; et il n'y a pas d'homme athée.
Dans l'homme individu, cette sensation est
extrêmement foible; dans l'homme en société, l'organe moral s'ouvre, et la sensation
de la divinité devient plus forte.

L'homme crut voir clairement que la partie, sans comparaison la plus essentielle de
l'univers, étoit le globe qu'il habitoit. L'idée
qu'il avoit de distance étoit bornée, et définie
par la portée de sa vue, jointe à la mesure
réelle et directe des choses où il pouvoit
atteindre. Il n'y avoit pas de mesure réelle
pour lui jusqu'aux astres; ainsi, par rapport
aux astres, l'idée de distance s'anéantit, les
astres ne furent que des phénomènes, des

êtres divins, peu sujets au changement, des
inspecteurs de l'univers, des décorations de
la voûte céleste, des flambeaux pour détruire les horreurs de l'obscurité de la nuit;
et quoique les astronomes, par des combinaisons d'idées géométriques et abstraites,
assignèrent aux distances des corps célestes des grandeurs mesurables, elles étoient
beaucoup trop grandes pour qu'on pût en
croire les astronomes. Le globe de la terre
resta donc d'une importance infinie : l'homme fut ce qu'il y eut de plus important sur
la terre. Quel moyen que Dieu ne ressem-
blât à l'homme? Quel moyen qu'un grand
homme regretté ne fût un Dieu?

Ἓν ἀνδρῶν, ἓν θεῶν γένος· ἐκ
Μιᾶς δὲ πνέομεν
Ματρὸς ἀμφότεροι.

La plus grande révolution qui s'est faite
dans les idées des hommes, fut lorsque des
philosophes leur apprirent, d'une façon
incontestable, que ce globe n'étoit qu'une
planète, comme tant d'autres ; que cette
chose importante étoit un rien, et l'univers
infini. Si cette découverte s'étoit faite dans
des siècles où l'organe moral avoit encore

un peu de vigueur primitive, il y a de l'apparence qu'elle auroit changé totalement la forme de la société; mais tombant dans des siècles où cet organe étoit terni, l'intelligence fit entrevoir un Dieu trop peu conforme à ceux qu'on adoroit, pour qu'on y pût plier facilement les idées qu'on s'étoit faites de la religion.

Il paroît que Pythagore et sa secte sacrée avoient réellement en vue une pareille réforme. Ayant acquis des idées justes et vraies de la cosmologie, et par conséquent du néant de notre globe vis-à-vis de l'infinité de l'univers physique, ils eurent de Dieu des idées toutes différentes. Ils tentèrent une modification de la société, dont la base seroit, non la perfection de l'organe de la vue, ni de celui de l'ouïe, ni de celui du tact, mais celle de l'organe moral. Si l'on fait attention à leur ὁμοίωσις τῷ Θεῷ κατὰ τὸ δυνατὸν, à leurs ἀρεταὶ θεωρητικαὶ κ̈ καθαρτικαὶ, à leur μετριοπάθεια, à leur λύσις ἀπὸ τȣ σώματος, à leur ζωὴ τῆς ψυχῆς καθ' ἑαυτὴν, on sera convaincu, que leur système étoit fondé sur la plus grande partie des vérités que j'ai tâché de vous prouver dans cette lettre.

Vous savez le résultat de leur philosophie,

et que la première école de Pythagore donna
l'exemple, unique au monde, d'une société
d'êtres supérieurs, où la vertu fût nécessaire, le vice impossible, et les talens proportionnés à l'élévation d'ame de ces individus
prodigieux.

Mais retournons encore à la contemplation de la société, ou plutôt à celle de sa
modification actuelle, et tâchons de développer en peu de mots la nature de cette
modification, de montrer ses imperfections,
et de voir s'il lui reste encore des moyens
pour y remédier.

La nature de la force attractive de l'homme, a fait naître une société, laquelle auroit
pu rester générale, sans une certaine am-
plification de se; connoissances, qui a empêché les individus de demeurer à-peu-près
égaux.

Les hommes sont liés naturellement entre
eux, à proportion de la quantité d'idées acquises qu'ils auront en commun : par conséquent, aussitôt que les signes communicatifs naturels se développèrent, un homme,
par les mêmes alimens, par la même éducation, par une conversation journalière,
avoit plus d'idées en commun avec ceux de

sa famille qu'avec tout autre. Le total des hommes se divisa en familles ou en parties, et ces parties devinrent hétérogènes, à mesure que les langues et le peu de connoissances se perfectionnèrent. Mais aussitôt que ces connoissances arrivèrent à un point qu'elles purent produire des effets généraux, le besoin des hommes lia de nouveau plusieurs sociétés particulières ensemble. Mais la société primitive générale avoit été composée d'individus égaux, ou peu s'en faut, tandis que ces sociétés particulières, nées après une certaine culture de l'esprit, étoient extrêmement hétérogènes ; ce qui causa infailliblement du désordre. Pour le prévenir autant qu'il étoit possible, on imagina des gouvernemens, et on donna de la consistance et des limites à ces sociétés.

Tout est imitation chez les hommes ; et pour construire leurs gouvernemens, ils prirent celui de l'univers pour modèle : suivant les opinions qu'ils en avoient, ils s'imaginoient que l'univers étoit gouverné despotiquement ; ce qui étoit impossible.

Lorsque Dieu créa A, il fut le despote de A ; lorsqu'il créa B, il fut le despote de B ; mais lorsqu'il a fait coexister A et B, il en est résulté des rapports, d'où dérivent des lois que Dieu ne sauroit changer sans anéantir ou A ou B, ou tous les deux ensemble. Ainsi l'univers est gouverné par des lois qui dérivent de la nature que Dieu a voulu donner aux différentes parties qui le composent.

En suivant ce modèle, une société, ou plutôt le total des actions d'un certain nombre d'hommes, auroit dû être gouverné par des lois dérivées des rapports que ces hommes ont entr'eux ; et comme les hommes étoient à-peu-près égaux dans la nature, leurs rapports l'auroient été de même, et on n'auroit pas vu ces événemens monstrueux, ces catastrophes si disproportionnées à la nature de l'homme, on n'auroit pas vu Caius Marius assis sur les ruines de Carthage.

Si l'on considère l'étrange disproportion qu'il y a maintenant entre les individus qui composent la société ; si l'on considère la nécessité absolue où le législateur se trouve d'infliger les mêmes peines et de demander les mêmes actions au riche, au pauvre, au savant, à l'ignorant, au fort et au foible, de devoir se fier également sur la bravoure de tous ses soldats, et sur la fidélité de tous ses

citoyens; enfin, de n'avoir pour garant que
le rapport de chaque individu à Dieu, rapport qui diffère dans chaque individu; on
sera convaincu de l'imperfection extrême
de la modification actuelle de la société. Il
faudroit donc l'un des deux, ou qu'on ren-
dît les individus plus égaux par une éducation publique, ce qui est très-difficile, ou
qu'on trouvât un moyen de connoître mieux
la nature de chaque individu et ses rapports. Pour connoître mieux les individus et
leurs rapports, il n'y a que deux moyens:
le premier, qui est très-imparfait, consiste
à diminuer le nombre des individus en in-
troduisant l'esclavage; le second consiste à
faire ensorte que les individus s'indiquent
eux-mêmes, c'est-à-dire, que tout citoyen
se fasse voir tel qu'il est, et que, vis-à-vis de
la société, le riche ne paroisse pas pauvre
par avarice, ni l'homme à talens inhabile
par indolence. Le seul ressort que le gouvernement pourroit employer pour produire un tel effet, seroit l'amour de la patrie.

Une grande partie des imperfections de
la modification actuelle de la société, dérive
de la différence du but de la religion et de
celui de la vertu civile: l'un vise au bonheur

éternel et permanent de chaque individu; l'autre au bonheur temporel de la société.

On a essayé de mêler la religion et la vertu civile ensemble; ce qui est impossible. Les rois asiatiques, le vieux de la Montagne, les papes, ont tâché de diriger ces deux principes vers leurs personnes; c'est-à-dire, qu'ils représentèrent en quelque façon la société de l'Être Suprême : ils furent prince et dieu.

Mais ce qui est fort singulier, ce qu'on ne trouve nulle part dans l'histoire, c'est qu'aucun législateur ait tenté l'identification totale de l'idée de la divinité et de celle de la patrie.

Je ne saurois finir cette partie de ma lettre, sans dire un mot encore du mal le plus dangereux qui attaque la société d'à présent, et qui, pour ainsi dire, est plus particulier à notre siècle qu'à tout autre.

Il n'y a rien au monde de plus respectable que des théologiens et des philosophes, tels qu'on en voit encore de nos jours. Mais, d'un côté, de soi-disant orthoxes, dont la roideur, l'entêtement, la stupidité, le peu de lumières et l'ambition outrée, leur font prétendre que tous les hommes devroient penser et comprendre comme eux, et qui ne réfléchissent pas que s'il y avoit des preuves contre la religion chrétienne, la plus forte, sans doute, seroit celle que la parole de Dieu auroit besoin de leur interprétation, ou qu'elle seroit susceptible d'interprétations infinies; et d'un autre côté, ces essaims de soi-disant philosophes, aussi vains et aussi peu éclairés que ces orthodoxes, qui, à force de déréglemens, de vices ou de sophismes, ont fait taire leur organe moral, pour un temps, qui prêchent l'irréligion et l'athéisme avec plus de zèle encore que les autres leur prétendue orthodoxie, qui voudroient convertir tous les hommes, afin que personne ne leur fît entrevoir un Dieu tout-présent qu'ils redoutent, ou ne les fît ressouvenir d'un organe qui reste après cette vie, et qui incommodera sûrement à mesure qu'on l'aura négligé, et à mesure qu'il deviendra plus fortement susceptible de sensations agréables ou mauvaises : ces soi-disant orthodoxes, et ces prétendus philosophes, dis-je, sont deux espèces nuisibles, qui se font une guerre cruelle. Si cette guerre encore étoit de nature à pouvoir durer toujours, le mal du moins ne sauroit empirer; mais comme celui qui pourra rendre son

adversaire ridicule, aura beaucoup d'avan-
tages dans notre siècle sur celui qui ne sauroit que le noircir, il s'ensuit, que la dernière de ces deux espèces aura probablement le dessus : ce qui offre l'aspect hideux
et triste d'un assemblage d'hommes, chez qui
il n'y aura plus ni mœurs ni religion du
tout, à moins qu'on ne parvienne, d'un côté,
à purifier l'église de ces têtes dures, en n'ad-
mettant à la prêtrise que des hommes éclairés, et rendus humains et dignes de leur
ordre, par une éducation réfléchie; et que,
de l'autre, on ne parvienne à rendre les vérités philosophiques si palpables, et si po-
pulaires, que les misérables sophismes de
ceux de la seconde espèce ne persuadent
plus même des enfans.

Mais il est temps de passer maintenant à
quelques réflexions ultérieures sur les connoissances humaines.

J'ai montré plus haut, que la faculté de
communiquer ses idées à d'autres êtres homogènes étoit inhérente à la nature de la
composition actuelle de l'homme. Je sais
bien que les mots n'ont plus cette propriété
primitive d'être les purs effets des idées premières des objets. La différence des organes

chez les différentes nations a dû nécessairement occasionner quelque différence de dialecte; mais, dans le commencement, ces différences n'étoient pas assez grandes pour qu'on ne s'entendît point du tout. Dans la suite des temps, la langue étant cultivée différemment dans les différentes familles, et chez des peuples éloignés les uns des autres, les mots devinrent naturellement des signes représentatifs; et lorsque ces signes représentatifs furent devenus si dissemblables, et si peu conformes aux signes primitifs, qu'il étoit impossible de se faire entendre, on eut recours à l'imitation des objets, pour servir d'interprête et de première écriture. Cette imitation grossière fut insensiblement suivie des figures symboliques; et enfin l'inégalité des cordes et des tuyaux qui composoient les instrumens grossiers de musique, fit naître l'idée de représenter les sons par des traits, afin de faire reproduire ces sons à l'organe de la voix du lecteur.

La première écriture fut l'imitation des objets, la seconde le représentatif de l'objet, la troisième la représentation du signe attaché à l'idée de l'objet.

L'idée de mesure est peut-être la première

de toutes nos idées, et antérieure même à
la naissance, puisqu'il paroît que nous la
devons uniquement à la sensation des on-
dulations successives du sang dans le voisi-
nage de l'oreille.

On a considéré la parole primitive, en
qualité de son, comme le véhicule des idées;
ensuite on allia l'idée de mesure avec celle
du son, ce qui produisit celle d'harmonie;
et enfin, avec l'idée du son, en qualité de
véhicule des idées, et même aux gestes, ce
qui produisit le pathétique, et fit naître la
musique vocale, la versification, une partie
de la rhétorique et la danse : et là-dessus j'ai
trois réflexions à faire.

La première, que la liaison de ces idées
hétérogènes, opérée par l'intelligence, est
de la plus haute antiquité, et bien antérieure à tout ce qu'on appelle science.

La seconde, que l'alliage de ces idées
donna déjà à l'homme une connoissance
sourde de la beauté et d'un grossier sublime; ce qu'on voit dans le style des premières productions des peuples, et dans celui
des statues de Dédale, qui avoit quelque
chose de divin malgré leur grossièreté.

La troisième, que la parole primitive,

considérée comme son, et, dans cette qualité, pliée, changée ou embellie par la mesure et par l'harmonie ou mélodie, dut perdre, en peu de temps, ce caractère original,
effet immédiat de l'idée qu'elle représente:
et voilà la raison de la difficulté qui se pré-
senteroit lorsque, par la musique, on voudroit tenter la recherche de la langue primitive et réelle des hommes.

Pour les autres arts qui dérivent du génie
imitatif de l'homme, et dont la perfection
est fondée sur une propriété singulière de
l'ame, on en a donné une légère idée dans
un ouvrage sur la sculpture, qui a paru
depuis peu.

La science ou les connoissances de l'homme consistent dans les idées acquises par le
moyen des sens, et dans celles des rapports
qui se trouvent entre ces idées. Les premières sont isolées, et représentent des objets isolés ; les autres dérivent de la coexistence d'un certain nombre des premières,
que la faculté intuitive pourra embrasser à
la fois. La totalité des connoissances, ou de
là science en général, est donc composée
du nombre des idées acquises, et de celui
des idées de rapport.

Si l'homme avoit des idées de tous les
objets qui composent l'univers physique ou
sensible, il ne seroit pas savant; à moins
qu'on ne lui suppose un certain nombre
d'idées de rapport, semblables ou analogues
aux rapports qui se trouvent réellement
entre les choses.

Si l'homme avoit les idées de tous les rapports, et de toutes les combinaisons de ces
objets, il ressembleroit à Dieu, pour ce qui
regarde la science, et pour ce qui regarde
l'état de l'univers, autant que nous le connoissons, et sa science seroit parfaite.

La grandeur des connoissances humaines
en général, ou plutôt l'état de l'esprit humain, se mesurera donc par la quantité des
idées primitives acquises par les organes,
multipliée par la quantité des idées de rapport; mais comme la perfection de la science, ou des connoissances, est encore en raison de la quantité des idées de rapport,
vis-à-vis de celle de la quantité des idées
acquises, il s'ensuit que la perfection de
l'esprit humain dans un siècle, est à la
perfection de celui dans un autre siècle,
comme le produit des idées acquises multiplié par les idées de rapports, et comme la

quantité de ces dernières vis-à-vis des premières.

La science de l'homme, qui n'est proprement qu'une, a formé, par la suite des temps,
des branches innombrables, à mesure que
la faculté intuitive a trouvé de certaines
masses d'objets homogènes ou homologues,
dont la coexistence idéale étoit la plus facile
à exécuter, ou dont les rapports respectifs
étoient moins éloignés, qu'entre des objets
plus hétérogènes.

Par exemple, la contemplation des arbres
et des plantes a fait naître la botanique;
celle des astres fit naître l'astronomie; et
quoique dans la nature il y ait nécessairement des rapports déterminés et parfaits
entre les astres et les plantes, ces rapports
parurent si prodigieusement éloignés, et
notre faculté intuitive trouva une difficulté
si insurmontable à faire coexister les idées
de ces différens objets, qu'on fut obligé de
faire de l'astronomie et de la botanique deux
sciences différentes.

Anciennement plusieurs sciences et arts,
qui maintenant se fondent ensemble avec
beaucoup de facilité, étoient tellement li-
mitées, et on trouvoit leur liaison avec

d'autres sciences si absurde, que chez les Egyptiens une science ou un art étoit affecté à une famille, et héréditaire par les lois.

Dans la suite des temps, on pensa à l'application d'une science à une autre science voisine. Démocrite, Hippocrate, Platon, Archimède et d'autres, le tentèrent avec succès; mais il y eut principalement deux raisons qui les empêchèrent d'atteindre aux grandes vérités de nos jours, que nous devons pourtant aux mêmes manœuvres: l'une, que la géométrie et l'arithmétique étoient encore dans l'enfance; et l'autre, dont je parlerai tantôt.

La géométrie et l'arithmétique pure sont les seules branches des connoissances humaines où la science soit parfaite, parce que les objets de ces sciences sont tous de notre création, que par conséquent l'objet et l'idée de l'objet ne sont qu'une seule et même chose, et qu'enfin, chaque nouvelle idée est une idée de rapport parfait et déterminé.

Ce seroit ici l'endroit de vous parler des lois motrices des connoissances humaines; mais comme je me propose de traiter ce sujet d'une façon un peu plus détaillée

ailleurs, je n'ajouterai ici que quelques réflexions.

La science de l'homme, ou bien l'esprit
humain, paroît se mouvoir autour de la
perfection, comme les comètes autour du
soleil, en décrivant des courbes fort excen-
triques : elle a de même ses périhélies et ses
aphélies; mais nous ne connoissons bien,
par l'histoire, qu'à-peu-près une révolution
et demie, c'est-à-dire, deux périhélies et
l'aphélie qui les sépare.

Je remarque que dans chaque périhélie a
régné un esprit général, qui a répandu son
ton ou sa couleur sur toutes les sciences et
tous les arts, ou sur toutes les branches de
la connoissance humaine.

Dans notre périhélie, cet esprit général
pourroit se définir par esprit de géométrie
ou symétrique; dans le périhélie des Grecs,
par l'esprit moral ou de sentiment; et si je
considère le style des arts chez les Egyptiens
et les anciens Etrusques, je m'aperçois bientôt que l'esprit général du périhélie précé-
dent fut celui du merveilleux.

Ce ton universel n'est pas également favorable dans chaque périhélie à toutes les
branches des connoissances humaines. Jetez

un rayon de lumière rouge sur différentes couleurs, il embellira le rouge; mais les autres couleurs seront salies, ternies, ou plus ou moins altérées.

Dans notre périhélie, il est évident que les sciences seront parfaites, à mesure de leur degré d'applicabilité à la géométrie ou à l'arithmétique. Comparez une ligne à un rayon de lumière, à un lévier, un nombre à une possession, ou tous les deux au mouvement et à la durée; et l'optique, la mécanique, l'économie, l'astronomie se perfectionnent. Mais la morale, la politique et les beaux-arts, ces tendres fleurs jadis si fraîches et si brillantes dans le sol d'Athènes, se fanent et se dessèchent dans nos arides climats, malgré la culture la plus savante et la plus soignée.

Dans le périhélie des Grecs, ou de l'esprit moral ou de sentiment, les idées de l'amour, de la reconnoissance, de l'ingratitude, de la haine, de la vengeance, de la jalousie, étoient des idées de rapport presqu'aussi claires, et aussi parfaites et déterminées, que celles d'un triangle et d'un cercle; mais appliquez comme eux l'amour à l'attraction, l'horreur du vide à l'élasticité, la paresse à l'inertie, et voyez où la physique sera réduite [1].

Pour cet esprit du merveilleux dans le premier périhélie, je n'aurai pas besoin de remarquer les effets de son influence sur les connoissances humaines; mais quelques arts y gagnèrent un sublime grossier, qui n'est proprement que la coagulation d'un certain nombre d'idées ou disparates, ou fort éloignées les unes des autres.

La force de ce ton universel dans chaque

---

[1] Ceux qui ont étudié et médité l'art de la guerre, et surtout la tactique, peuvent comparer l'état de cette science dans nos siècles, à celui de cette même science dans les siècles des Grecs : ils verront avec surprise combien ce ton universel dans chaque périhélie a influé sur cette science, et que toute la tactique des anciens n'a véritablement pour base que l'état moral de l'individu ; tandis que chez nous le fondement de cette science consiste proprement dans l'application de l'idée d'une figure géométrique, ou de celle d'une masse à un certain nombre d'individus qui peuvent agir d'une façon donnée. Les modernes qui ont écrit sur les batailles les plus célèbres des Grecs et des Romains, n'ont pas fait cette réflexion, à ce qu'il me semble, et ils cherchent à Leuctres, à Cannes et à Pharsale, je ne dis pas plus d'art, mais beaucoup plus de géométrie qu'il n'y en eut.

périhélie est évidente, par les travaux infructueux de ces hommes singuliers, qui naissent de temps en temps dans un périhélie où ils paroissent étrangers. Démocrite et Hippocrate avoient le même but que nous avons, en voulant bâtir une philosophie sur des expériences exactes; Archimède appliqua déjà son admirable géométrie à la mécanique; mais ni l'un ni l'autre ne pouvoient rien contre l'empire de cet esprit universel.

De ce que j'ai dit, il s'ensuit que le degré de perfection dans nos connoissances n'augmente pas seulement à mesure de l'augmentation des idées premières acquises et isolées, mais surtout en raison de l'accroissement de la quantité des idées de rapport.

Nous avons vu que dans chaque périhélie il y avoit une science favorite, plus analogue à l'esprit général que les autres sciences, et qui se perfectionnoit au plus haut point. Cette science, si épurée et si embellie, fut appliquée à toutes les autres, sans égard si elle y étoit applicable ou non : ce qui produisit une quantité prodigieuse de nouvelles idées, fausses et disparates à mesure de l'absurdité de l'application, et toujours presque si éloignées les unes des autres, que la fa-

culté intuitive ne savoit les comparer. C'est
alors que la quantité des idées premières et
isolées augmente à la vérité; mais celle des
idées de rapport diminue à proportion, ce
qui établit le faux; mais l'homme, qui aime
naturellement le vrai, hait à la fin le faux;
ce qui le dégoûte de tout, et le mène par
la frivolité dans l'indolence, qui l'empêche
de déterminer de nouveau la vérité si terri-
blement offusquée par la prodigieuse quantité d'idées inutiles.

C'est ici que je devrois vous mener à la
source obscure et écartée de cet esprit universel dans chaque périhélie [1]; mais comme,

---

[1] L'esprit général qui domine dans chaque périhélie
sur toutes les connoissances humaines, dérive nécessairement des premières idées de rapports qui se sont
formées dans les têtes des hommes sortant de la bar-
barie. Ces idées de rapport sont toujours celles qui
sont et les plus utiles actuellement, et les plus faciles
à former après avoir passé un aphélie; et par conséquent la nature de ces premières idées de rapport dépend de la nature de l'état de l'homme dans chaque
aphélie.

[1] Lorsque l'état des hommes dans l'aphélie, εἴτε γηγενεῖς ἦσαν, εἴτ' ἐκ φθορᾶς τινος ἐσώθησαν, a été une
ignorance parfaite; les premières idées de rapport sont
des idées de coexistence. Une étoile se lève-t-elle, ou

après tant de patience de votre part, je n'ose vous désobliger par le tableau dégoûtant de nos tristes aphélies, je finirai ma lettre en rassemblant encore celles des vérités qu'elle contient qui nous intéressent le plus.

L'ame humaine est une essence éternelle

se couche-t-elle, avant ou après le soleil? un fleuve se déborde-t-il? L'un est cause de l'autre. Et ce qui est curieux, c'est que toujours l'objet le moins connu sera la cause de l'objet qui est le plus connu ; par exemple, Syrius et le Nil. Une comète paroît-elle? quelque grand événement arrive-t-il sur la terre en même temps? le rapport entre ces deux choses est, que l'une est cause de l'autre ; et la contemplation superficielle de deux choses aussi disparates fait naître nécessairement le goût et l'esprit du merveilleux.

Lorsque l'état de l'homme dans l'aphélie a été l'esclavage, l'excès de population, les migrations; les premières idées de rapport tiennent à l'utilité présente, aux rapports des hommes entr'eux, à l'établissement et à la défense des petites sociétés ; d'où dérivent naturellement l'héroïsme, l'amour de la patrie, l'esprit du sentiment moral.

Lorsque l'état de l'homme dans l'aphélie a été la fainéantise superstitieuse, les couvens et les moines font bientôt naître l'esprit pusillanime et symétrique; d'où dérive à la fin l'esprit géométrique et exact.

(*Note de M. Dumas.*)

et indestructible. Elle a Dieu pour auteur.
Jointe à des organes quelconques, elle a
des idées des faces de l'univers qui sont analogues à ces organes. Elle a une faculté intuitive et intelligente, par laquelle elle compare toutes les idées qu'elle reçoit, pourvu
qu'elles ne soient pas trop éloignées. Elle a
un principe d'activité, qu'on appelle velléité, qui ne paroît pas avoir des bornes; mais
l'intensité des actions qui en émanent est
proportionnée à la vigueur de ses organes,
vis-à-vis des choses qui sont hors d'elle. Ces
organes la quittant, elle perd toute idée des
faces de l'univers, qui étoient tournées de
leur côté. Il paroît probable qu'elle est déjà
actuellement attachée à plusieurs organes,
qui la serviront mieux dans la suite.

L'organe moral, pour lequel elle-même
est un objet de contemplation, ne sauroit la
quitter. L'organe de l'intellect, ou la faculté
qui contemple et compare, regarde toutes
les faces possibles de l'univers, et paroît par
conséquent également adhérent à l'ame. Elle
a un désir insatiable, plutôt pour voir que
pour connoître. Elle est faite pour contempler et pour jouir. Elle ne paroît pas faite
pour savoir. Il y a grande apparence qu'elle

passera l'éternité dans la contemplation successive de l'infinité des faces différentes de
l'univers. Vis-à-vis de quelque face qu'elle
se trouve, elle portera toujours dans soi le
paradis ou les enfers; et elle n'en a point
d'autre ni à espérer, ni à craindre. Son organe moral lui tiendra lieu d'un juge sévère.
Ce paradis ou ces enfers ne sont ni puni-
tions, ni récompenses ; ce sont les suites nécessaires de la constitution de l'individu. La
législation doit récompenser et punir, pour
rectifier successivement les imperfections
de son ouvrage; mais Dieu ne corrige pas
l'univers. Les crimes résultent d'une modification des membres de la société, contradictoire à la modification actuelle de la société. Les crimes peuvent être les effets du
vice. Le vice n'est vice que relativement au
vicieux. Vis-à-vis de Dieu, il ne sauroit y
avoir des vices ni des crimes. Cette assertion
vous paroît dure au premier abord; et c'est
ce qui m'oblige à l'éclaircir en peu de mots.

Nous appelons existant, ce dont nous,
composés de la façon que nous le sommes
actuellement, pouvons avoir des sensations
directes.

Nous appelons possible, le non-existant,

dont l'existence n'impliqueroit aucune contradiction, mais dont, comme non-existant pour nous, nous ne saurions avoir aucune sensation dans l'état où nous sommes.

On ne considère pas que tout l'existant et tout le possible ensemble constituent l'univers; que l'existant et le possible dérivent également des rapports infinis qui se trouvent entre les choses qui composent l'univers; que par conséquent l'existant et le possible ne sont qu'une seule et même chose devant Dieu.

On ne considère pas que le possible existant, n'est existant pour nous que relativement à nous, et que, vis-à-vis de l'univers et de Dieu, cet existant n'est que possible; ou plutôt, que tout possible est existant.

Dieu a créé des êtres actifs, libres, dont la velléité paroît infinie, mais dont la liberté active est proportionnée à leurs rapports avec les classes hors d'eux. Ces rapports sont infinis à nombrer; d'où résulte une infinité de modifications différentes possibles de la velléité, et des actions des hommes. La liberté active de l'homme peut agir dans toute la sphère de son activité; mais quelque rayon de cette sphère qu'elle réalise, ou qu'elle veuille rendre existant, il n'est seul existant de tous les rapports possibles, que pour l'homme; tandis qu'il est également ou existant ou possible avec tous les autres rayons de cette sphère, vis-à-vis de Dieu et de l'univers [1].

[1] Supposons deux individus, A et B: supposons que dans l'état présent de leur coexistence, le rapport de A à B soit exprimé par m; et que dans un autre état possible ce rapport seroit exprimé par x. Le rapport m produira nécessairement de tels effets; et le rapport x produiroit nécessairement tels autres effets. Or, les rapports m et x tiennent également à l'essence de A et de B; et l'essence de A et de B seroit aussi absurde si le rapport x ne pouvoit avoir lieu, que si le rapport m ne pouvoit avoir lieu. Or, celui qui a créé A et B a mis dans leurs essences x aussi bien que m, c'est-à-dire, les causes nécessaires des effets qui en résulteroient. Le rapport de A et de B avec leur créateur résulte de l'essence immuable du créateur, et de leur essence, qui contient x et m également. Par conséquent, vis-à-vis de Dieu, A et B sont immuables; et leur essence est de contenir ce qui fait m et ce qui fait x. Mais supposons A un être libre et actif, qui puisse choisir entre m et x. Il fait exister x; mais m tient également à son essence: et quoique vis-à-vis de soi-même il ne paroisse que sous la face de x qu'il a fait exister; il paroît sous les faces de x et de m vis-à-vis de celui dont il tient son essence. Dieu a créé

L'existence des êtres actifs et libres est le ressort de la vie de l'univers : et supposons que tous ces êtres fussent ce qu'on appelle vicieux, cela ne feroit aucun changement dans le tout, puisque la sphère de leur activité est bornée par leurs rapports réciproques, et par conséquent aucun individu ne sauroit parvenir à changer ou à détruire l'essence d'aucun autre individu. Supposons tous ces êtres vertueux, cela ne feroit aucun changement au tout, parce qu'aucun ne sauroit parvenir à amplifier l'essence d'un autre.

Je conclus de tout ceci, que proprement il n'y a point de vices, ni par conséquent de crimes devant Dieu. Mais il importe infiniment à l'individu, si, dans sa sphère, laquelle probablement s'élargira pendant toute l'éternité, son activité prend sa direction vers l'Être Suprême, et vers l'ordre, qu'il connoît par la conscience ; ou si elle s'en éloigne de siècle en siècle, tandis que cet organe, cette conscience, ne devient plus sensible et plus actif que pour lui faire aper-

les essences avec tous leurs possibles ; l'être libre, actif et doué de l'organe moral, se crée son état des possibles.   (*Note de M. Dumas.*)

cevoir d'autant plus vivement la distance immense qui le sépare de son bonheur.

L'homme qu'on appelle vicieux, est et sera moins heureux et moins parfait, par une suite nécessaire de la coexistence des choses. L'homme qu'on appelle vertueux, est et sera nécessairement plus heureux et plus parfait, par la même raison. Nous n'aurions eu aucune idée du vice, ni par conséquent du crime, si l'homme ne se fût avisé de se rendre presque tout physique par ce prétendu agrandissement de son être. Mais, dira-t-on, sans cet agrandissement apparent et factice de l'être il n'y auroit pas eu des arts! je l'avoue : mais l'homme a-t-il besoin des arts ? Mais quel nombre prodigieux d'idées ne doit-il pas aux arts et aux sciences! je l'avoue encore : mais croyez-vous que toutes ces intelligences n'auroient pas raffiné sur l'amour, sur l'amitié, sur leur rapport à l'Être Suprême? Croyez-vous qu'ils n'auroient pas fait autant de découvertes dans la face morale de l'univers, que nous en avons fait dans la face visible ou sonore ? Ne vaudroit-il pas mieux, ô sybarites, d'avoir négligé la face tangible qu'habite la douleur? Heureux encore que la douleur ne tienne pas à la face visible, dans laquelle nous avons fait nos plus grandes extravagances : alors la vie paroîtroit un supplice. Mais je sens que je donne un peu trop dans le style de Juvénal : je m'en repens. Je crains de traiter l'homme avec un peu d'injustice. A la foible lueur de l'étoile du matin, l'œil s'aperçoit à peine des objets près de lui; mais lorsque le soleil paroît, l'univers visible se dévoile. Peut-être le véhicule des sensations des essences morales aura de même plus d'énergie après le crépuscule de cette vie; ou bien, peut-être les organes de la conscience et du cœur ne sauroient se déployer sous notre enveloppe grossière : ce sont les aîles encore informes, cachées sous la peau de la nymphe.

J'ai l'honneur d'être, etc.

TRADUCTION

DES PASSAGES

GRECS ET LATINS

QUI SE TROUVENT DANS CETTE LETTRE.

PAG. 133. *Libellum exhibeo*, *etc.*

Le petit livre que je présente au public n'est pas de
ceux qui sont les plus faciles à comprendre, et demande non-seulement du génie dans le lecteur, mais
encore une attention extrême, jointe à un désir ardent de connoître les origines des choses.

Pag. 139. *Inter hominem*, *etc.*

La principale différence entre l'homme et la brute,
est que celle-ci s'accommode uniquement aux choses
actuelles et présentes par l'instigation des sens, ayant
une sensation très-foible du passé et du futur.

Pag. 152. Τί ποθ' ὁ Προμηθεύς , *etc.*

Par quelle raison, Prométhée, qui, à ce qu'on prétend, a formé les hommes et tous les animaux, a-t-il donné aux brutes, à chaque espèce, un seul caractère moral?

Pag. 179. Πάντα δὲ τὰ ἀνομοιομερῆ, etc.

Toutes les choses hétérogènes et dissemblables sont composées de parties homogènes et semblables.

Pag 186. Θεὸν νόμιζε καὶ σέβε, etc.

Croyez et vénérez un Dieu; mais ne le cherchez pas; car vous ne feriez autre chose que chercher.

Pag. 198. διαλεγομένε δὲ αὐτᾶ, etc.

Lorsqu'il déclamoit à Rome, tout étoit rempli du désir de l'entendre; et ses discours n'étoient pas sans agrémens pour ceux-mêmes auxquels la langue grecque étoit étrangère.

Ibidem. ἔτω τὴν Ῥώμην, etc.

Il étoit tellement connu à Rome, qu'il inspira le désir de l'entendre à ceux-là même qui n'étoient pas accoutumés à la langue grecque.

Pag. 214. ἔτως αἱ κρίσεις, etc.

C'est ainsi que nos jugemens sur nos propres actions, si la raison et la philosophie ne leur ont donné de la vigueur et de la stabilité, s'altèrent et prennent facilement le change au moindre éloge ou au moindre blâme du vulgaire, détruisant même les motifs qui nous ont fait agir. — Car le repentir rend souvent les belles actions mêmes honteuses.

Pag. 217. Ὁ δὲ νόμῷ τύραννῷ, etc.

La loi, ce tyran des hommes, fait beaucoup de violence à la nature.

Pag. 229. *O quam contempta, etc.*

Oh ! que l'homme est méprisable, s'il ne s'élève au-dessus des choses humaines.

Pag. 233. Ἕν ἀνδρῶν, ἓν θεῶν γένῷ, etc.

La race des hommes et des dieux est la même ; car nous sortons tous les deux d'une seule mère.

Pag. 234. ὁμοίωσις τῷ Θεῷ καλὰ τὸ δυναλόν.

La ressemblance avec la divinité autant que possible.

Ibid. ἀρελαὶ θεωρηλικαὶ κỳ καθαρλικαί.

Les vertus théorétiques et purifiantes.

Ibid. μελριοπάθεια.

La faculté d'être affecté modérément par tout ce qui arrive.

Ibid. λύσις ἀπὸ τῦ σώμαλῷ.

La séparation d'avec le corps.

Ibid. ζωὴ τῆς ψυχῆς καθ' ἑαυτήν.

La vie de l'ame dans elle-même.

Pap. 252. εἴτε γηγενεῖς ἦσαν, εἴτ' ἐκ φθορᾶς τινὸς ἐσώθησαν.

Sive terrigenæ, sive alicujus ruinæ sint superstites.

DESCRIPTION

PHILOSOPHIQUE

DU CARACTÈRE

DE FEU M. F. FAGEL.

Diva . . . . nos ire per omnem
(Sic amor est) Heroa velis, Scyroque latentem.

STATIUS.

DESCRIPTION

PHILOSOPHIQUE

DU CARACTÈRE

DE FEU M. F. FAGEL.

Les grandes ames, qui se manifestent de temps en temps parmi les hommes, sont des ouvrages de la Providence destinés à une fin qui ne tient pas à ce monde : ce sont des germes qui poussent dans l'éternité.

Si on ne les considère que de ce côté, les

célébrer seroit peu consolant pour les ames vulgaires ; mais comme c'est à l'art, à l'éducation et au travail de modifier leurs développemens au meilleur usage de la société, il y a de la sagesse à perpétuer leur mémoire, afin que l'émulation tâche du moins de tirer de l'art, de l'éducation et du travail, tout l'avantage possible.

Les génies supérieurs qui, par leurs travaux et par leurs écrits, ont éclairé les hommes, trouvent un éloge assuré dans la lumière qu'ils ont su répandre.

Ceux dont les belles actions ont été suivies de grands événemens, sont proprement du ressort de la poésie : c'est elle qui peint les événemens et les actions en beau, et en laisse deviner la source primitive.

Ceux dont les grandes actions, par un malheureux concours de choses, n'ont pas produit des effets analogues, appartiennent à l'éloquence, qui, par son art, supplée en quelque façon aux événemens.

Mais pour ceux qui, se développant avec trop de rapidité, mûrissent et quittent le monde avant que la société ait eu les occasions de sentir leur heureuse influence, il appartient à la philosophie de les décrire, comme des productions extraordinaires, ou comme ces astres qui brillent quelques jours, s'éloignent de la terre, et paroissent s'évanouir à nos yeux.

C'est d'un des hommes de cette espèce que la république des Provinces-Unies vient d'essuyer la perte.

François Fagel, né d'une maison qui, depuis plus d'un siècle, s'est illustrée par une suite d'excellens hommes d'état et de guerre, mourut à la Haye à l'âge de 33 ans, le 28 du mois d'août 1773.

Dès son enfance, il donna de grandes espérances, par sa douceur, sa vivacité, et, ce qui est rare à cet âge, par un goût décidé pour le vrai et pour le beau. Sa jeunesse fut confiée à un homme d'un grand savoir, d'une grande expérience, et dont les mœurs étoient universellement respectées. Il fit ses premières études à l'université de Leyde, passa ensuite à Lausanne, fit ses voyages par la Suisse, l'Italie, la France et l'Angleterre; et à son retour dans sa patrie, il fut associé à son père dans le poste éminent de greffier de leurs Hautes-Puissances.

Il étoit doué de plusieurs qualités, qui se trouvent rarement ensemble, et presque jamais dans un si haut degré de perfection ; et de cet heureux assemblage devoient naturellement naître de nouvelles facultés, qui l'ont distingué parmi le petit nombre d'hommes qu'on puisse lui comparer.

Il avoit la mémoire prodigieuse. Né avec l'esprit géomètre, il avoit toutes ses idées claires, distinctes, bien terminées, et le jugement sûr. Le tact, cette faculté qui paroît pénétrer dans l'essence des choses, et qui n'est proprement que l'effet d'une opération rapide du jugement, il l'avoit admirable, et, par conséquent, la conception prompte et facile. Il avoit cette élévation d'esprit qui ne voit jamais une chose seule, mais qui en embrasse plusieurs à la fois, avec les rapports qui les lient : ce qui donne au savoir une grande manière. Il avoit une présence d'esprit qui ne s'est jamais démentie ; et, malgré des apparences de distraction, il étoit à tout moment le maître de fixer toute son attention sur ce qu'il vouloit. Il avoit le talent rare de bien écouter et de bien répondre. Son esprit, aussi souple que vaste, se plioit à tout. Il étoit fort difficile de lire dans les traits de son visage ce qui se passoit dans son ame ; les seuls momens exceptés où

il secouroit des malheureux. C'étoit alors
qu'on voyoit une espèce de désordre, causé
par la double sensation de la commisération
douloureuse, et du plaisir vif de faire du
bien. Sur la physionomie, la figure, la dé-
marche d'un homme, il devinoit son caractère, ses talens, et souvent même son mé-
tier, avec une justesse merveilleuse. Habile
à pénétrer le secret des autres, il étoit impossible de lui arracher le sien, au milieu
même de la dissipation ou des plaisirs de
la table, auxquels il se laissoit aller quelquefois.

Du composé des facultés de son esprit,
qui étoient toutes cultivées avec un soin
extrême, résultoit une qualité infiniment
rare, qui le caractérisoit le plus, et à laquelle il devoit par préférence le bonheur
singulier de plaire à tous, sans distinction
de sexe, d'âge ou d'état : il savoit mettre son
esprit à l'unisson de celui de tous les hommes. Il savoit cacher ses talens; il diminuoit
ou augmentoit leur éclat à son gré; il les
faisoit agir séparément ou ensemble, et selon les circonstances il les faisoit paroître
dans le jour qu'il vouloit : tellement que
l'homme même le plus médiocre ne voyoit

en lui qu'un homme assez son supérieur pour lui donner sa confiance et lui demander des conseils, mais assez son semblable pour l'aimer, et pour ne pas le craindre ou lui porter envie.

Cet empire sur ses propres talens et sur toutes les facultés de son esprit, devoit naturellement produire une habileté extrême dans sa conduite avec les hommes; et, dans le maniement des affaires, cette sagacité admirable, qui, n'employant que les talens nécessaires, parvient sûrement à son but; tandis que d'excellens esprits manquent souvent le leur, en employant tous leurs talens à la fois, ou bien des talens qui se nuisent.

Faisons ici deux réflexions utiles à l'éducation : la première, que ce qui caractérise, ce qui distingue un homme, et ce qui préside à la plupart de ses actions, n'est pas un seul talent particulier qui prédomine, ou qui soit le mieux cultivé; c'est le résultat de tous ses talens ensemble. Par conséquent, on ne devroit s'étudier qu'à cultiver cette quantité de talens, qui pourroit produire le meilleur composé possible.

Il y a des hommes malheureux par la cul-

ture de talens qui s'entrechoquent ou se détruisent.

Il y a des hommes préjudiciables à la société, qui auroient été des membres utiles
avec quelques facultés de moins.

Fagel lui-même avoua à ses amis les plus
intimes des talens prodigieux, dont il ne
faisoit aucun usage.

La seconde réflexion est, que si de tant
de grandes facultés il dut résulter une connoissance parfaite des hommes et des affaires, elles durent produire en même temps
les moyens les plus subtils que la ruse la
plus raffinée puisse employer jamais. Posons, s'il est possible, que tant de qualités
différentes eussent accompagné quelque
ame abjecte, oblique, et dont les inclinations eussent été mauvaises, quel homme
n'aurions-nous pas ici à peindre! Il s'ensuit,
que lorsqu'on se propose l'éducation de
quelque enfant extraordinaire, il faut étudier les rapports des talens de son esprit
avec la trempe de son ame, afin d'en étouf-
fer ceux dont l'ame abuseroit, ou qu'elle ne
sauroit gouverner.

L'ame de Fagel étoit grande, simple, forte, mais sensible jusqu'à l'apparence de foi-

blesse. Le poste qu'il occupoit, la difficulté de sa situation dans la république la plus composée qui fut jamais, la prodigieuse complication de son esprit, la voilèrent aux yeux du public. On la crut bonne sur l'aménité de sa conversation, sur sa généreuse bienfaisance, enfin sur toutes les vertus sociales. Mais avec ses amis elle parut entière, dans toute sa grandeur; et, dégagée alors de ses riches enveloppes, sa beauté étoit telle, qu'on a vu quelquefois dans l'amitié qu'elle inspiroit, les inquiétudes, les plaintes, les reproches, les jalousies, et tous les désordres de l'amour.

Il avoit dans son ame toute la simplicité, la candeur et la bonhomie, qui firent la gloire de nos ancêtres; mais le tour et la composition de son esprit ne ressemblant en rien à l'esprit actuel de sa nation, les plus clairvoyans, qui ne le connoissoient pas d'assez près, crurent voir dans son caractère quelque chose de caché. Mais remarquons ici que la franchise parfaite, qui n'est que la visibilité continuelle de la droiture du cœur, ne se trouve presque jamais dans ces personnes en place, dont l'esprit vaste et compliqué se réunit à une élévation

extrême de l'ame. Si l'ensemble de ces perfections étoit possible, il faudroit le chercher dans ceux qui, dans la société, occu-
pent des places ou au-dessus, ou au-dessous
du vol des traits de l'envie.

Humain, intègre, généreux jusqu'à la pro-
fusion, il haïssoit mortellement tout ce qui
étoit intéressé, bas et mercenaire.

Il se lioit facilement, jusqu'à un certain
point, avec toutes sortes de personnes; mais
lorsqu'il s'agissoit d'une liaison dont l'amitié
pouvoit être la suite, il étoit d'une prudence
extrême; et il n'y avoit pas d'expériences
qu'il ne fît sur son futur ami, pour en connoître l'essence. Après l'épreuve, sa confiance étoit entière; et jamais homme ne
fut plus indulgent pour les foiblesses de ses
amis.

Dès sa jeunesse, on lui avoit donné les
idées les plus saines de la religion, du christianisme et d'une philosophie chrétienne;
et ces idées ayant fructifié par la réflexion
et par l'étude, lui donnèrent ce repos et
cette tranquillité interne qui caractérisent
la sagesse modeste.

Tolérant par principe, autant qu'il est
permis de l'être, il ne pouvoit cacher son

souverain mépris pour cette classe d'hommes qu'on appelle par dérision des esprits forts, qui, suivant un goût inconcevable dans ce siècle éclairé et poli, voudroient anéantir ce que les hommes les plus grands, les plus sages dans leur conduite, les plus éclairés par leurs lumières, les moins faillibles par la profondeur de leur esprit, c'est-à-dire, les seuls hommes qui font honneur à l'homme, et dont la postérité s'occupe, regardent comme la cause auguste de leur existence, le seul soutien de leur être, le seul refuge dans le malheur, et la source sacrée de toute vraie félicité.

Pour ce qui regarde ses connoissances, il possédoit presque toutes les langues modernes, et en parloit plusieurs avec facilité. Pour les langues grecque et latine, il les savoit d'autant plus en grand maître, qu'il avoit une connoissance profonde du gouvernement, du caractère et des mœurs des anciens. Parmi les auteurs grecs, ceux dont il aimoit le plus la lecture étoient Homère, Théocrite, Aristophane et Xénophon. Parmi les auteurs latins, c'étoient Horace, Pétrone et Tacite. Aristophane et Tacite ont eu peu de lecteurs comme lui. Aucune science ne lui fut étrangère : sa tête étoit faite pour les comprendre toutes; et l'élévation de son esprit en auroit composé ce total sublime qui constitue la vraie science, autant que l'homme est capable de science. Mais il rapporta tout à sa science favorite, qui étoit analogue à son état : c'étoit celle de l'origine, des mœurs, du caractère, des lois, des rapports, des facultés et des ressources des nations, qui a pour base la connoissance parfaite de l'homme et des hommes.

Pour les beaux-arts, il parut que la nature l'avoit dispensé de toute étude. Son tact étoit si fin, son goût si exquis, et la rapidité avec laquelle il embrassoit un ensemble étoit si grande, qu'il portoit dans le moment un jugement dont il ne revenoit jamais; tandis que de grands connoisseurs, avec autant de goût, sont souvent obligés de revenir de leurs jugemens, faute de cette vélocité dans la liaison des parties : ils voient dans un objet ce qui le compose; il voyoit, lui, ce qu'il est.

Le feu qui brilloit dans ses yeux annonçoit plutôt la gravité de la sagesse, que la pétillante vivacité de l'esprit. Ses manières étoient simples et aisées. Sa physionomie, ordinairement sérieuse, et quelquefois austère, se changeoit peu dans sa conversation, qui étoit naturelle et légère, sans prétention et sans contrainte, et n'ayant que la dose d'esprit qu'il y faut. Avec ses amis, ses discours étoient énergiques, profonds et instructifs par son immense lecture.

Dans les affaires, il se forma sous un maître habile, et il y porta, avec la facilité qui devoit suivre de tant de qualités, le talent rare de faire, sans humeur, de ses fautes, l'objet d'une étude profonde; et le moyen le moins adroit dont on eût pu se servir contre lui, c'étoit de les lui faire connoître.

Il y a dans la maison des Fagel une singularité dont on trouveroit à peine un exemple dans l'histoire : c'est une sagesse de famille qui paroît tenir au sang. L'esprit de parti est de l'essence des républiques, comme les passions fortes sont de l'essence d'un homme vigoureux. Lorsqu'il agit sur les gens de bien, sur des ames pures, éclairées et pénétrées du saint amour de la patrie, il produit la noble émulation, il éclaire la nation sur ses vrais intérêts, il lui conserve son nerf, son élasticité et son caractère. Mais lorsqu'il agit sur des hommes pervers,

ou que sa contagion enflamme la stupidité
d'un peuple ignorant, il fait naître la basse
envie, les faux soupçons, et ces haines cruel-
les qui bouleversent et détruisent tout état.
La maison des Fagel n'a jamais été atteinte
de cet esprit, ou plutôt de cette maladie
dangereuse; et celui-ci, que la République
regrettera long-temps, non-seulement tenoit
cette vertu de ses pères, mais il avoit dans
lui tout ce qu'il falloit pour bien traiter cette
maladie dans les autres, et pour en prévenir les crises funestes.

Après cette légère esquisse, quels seront
les jugemens qu'on portera sur cet écrit?
La philosophie, libre et fière lorsqu'elle pro-
nonce les vérités qui l'animent, se mêle peu
de ce qu'on juge. Mais combien d'hommes
n'y chercheront en vain cet homme, qui fut
précisément comme eux, un peu plus aimable, un peu plus éclairé, un peu plus habile, mais enfin leur égal! Il s'étoit choisi pour
épouse mademoiselle Boreel, fille de M. Boreel, ci-devant ambassadeur de la République en Angleterre. Elle est enceinte, et
chargée de l'éducation de quatre fils et de
deux filles. Les éminentes qualités de cette
mère promettent tout des germes d'excel-

lence qui se découvrent dans ces enfans. On souhaite que cet écrit leur parvienne, afin qu'ils sachent de bonne heure quel père ils ont à remplacer.

Tel étoit Fagel, dont la perte a causé des larmes à tous ses concitoyens, et des regrets réfléchis à l'illustre chef de la République, et à toutes les têtes saines de l'État.

Il a laissé à ses amis la consolation piquante d'avoir été distingués par un si excellent personnage.

SOPHYLE,

OU

DE LA PHILOSOPHIE.

Te dea te fugiunt venti , te nubila cœli
Adventumque tuum, tibi suaveis dædala tellus
Submittit flores, tibi rident æquora Ponti,
Placatumque nitet diffuso lumine cœlum.

SOPHYLE,

OU

DE LA PHILOSOPHIE.

SOPHYLE ET EUTHYPHRON.

SOPHYLE.

Oh ! que la philosophie est une bonne chose !

EUTHYPHRON.

Comment donc ?

SOPHYLE.

Comment? parce qu'elle fait connoître la vérité, qu'elle nous délivre des préjugés, et qu'elle fait voir les bornes précises de nos connoissances.

EUTHYPHRON.

Je l'avoue ; mais elle est belle encore, parce qu'elle rend l'univers et nous-mêmes plus riches : elle fait voir des terres inconnues d'une étendue immense.

SOPHYLE.

Pour vos terres inconnues, mon ami, ce sont des espaces imaginaires ; croyez-moi. La philosophie n'est précisément belle et bonne que parce qu'elle détruit ces fables. Sa base inébranlable est l'expérience, et au-delà il n'y a point de vérité.

EUTHYPHRON.

Nous sommes d'accord. Une philosophie fondée sur l'expérience est sans contredit la seule bonne ; mais combien d'espèces d'expériences n'y a-t-il pas !

SOPHYLE.

Je n'en connois qu'une seule espèce ; c'est l'expérience par nos cinq sens. En savez-vous d'autres ?

EUTHYPHRON.

A vous dire la pure vérité, il y eut un temps où je fus précisément de la même opinion ; mais j'ai bien changé depuis. Je suis tellement changé, que, lorsque je pense à ma petitesse d'alors, j'en suis honteux.

SOPHYLE.

Assurément je vous félicite de votre grandeur présente : mais n'est-il pas permis d'examiner la solidité de l'échelle, le long de laquelle vous êtes monté si prodigieusement haut, que vous voilà tout météore. Qui vous a fait cette échelle ?

EUTHYPHRON.

Je me la suis faite moi-même; et je suis bien persuadé que tous les hommes qui réfléchissent, sont en état de s'en faire une pareille. Mais proprement ce n'est pas une échelle. Savez-vous comment les araignées passent de larges rivières avec commodité ?

SOPHYLE.

Je ne m'en souviens pas.

EUTHYPHRON.

Elles ont dans le ventricule un fluide extrêmement délié. Elles poussent ce fluide à

travers deux petits trous, avec un effort
prodigieux. Aussitôt que le fluide touche à
l'air, il se condense, devient fil, et, emporté
par le vent, il s'attache à quelque arbre loin-
tain de l'autre côté de la rivière. Voilà l'é-
chelle faite. Mon araignée passe avec sécu-
rité, observe tout ce qui se trouve en son
passage, et mange des mouches et des éphé-
mères, dont elle n'avoit aucune idée aupa-
ravant. Plus ce fluide est pur, délié, et approchant de l'esprit éthéré, plus le fil peut
être long, et s'attacher par un vent propice
à la cime des plus hautes montagnes.

SOPHYLE.

Mais que fait ici ce fil de l'araignée? Vous
y fiez-vous, mon pauvre Euthyphron?

EUTHYPHRON.

Ce liquide de l'araignée est le bon sens,
ou le sens commun, dont tous les hommes
ont quelque dose grande ou petite. S'il est
bien délié, bien pur et bien conditionné,
et qu'on le pousse avec effort, il se condense
et devient un fil très-long et très-solide, qui
s'attache, soit par les circonstances, ou par
les directions qu'on lui donne, aux vérités
les plus éloignées.

SOPHYLE.

Point de poésie ni de fables en philosophie, mon ami, je vous en prie. Il faut du
simple. Je vous dis, et je vous répète, qu'il
n'y a pas de vérité au-delà de l'expérience
de nos sens; en un mot, qu'il n'y a que de
la matière. Avez-vous quelque chose contre
cette assertion ? Dites-le moi; mais soyez clair
et bref.

EUTHYPHRON.

Assurément j'ai beaucoup à objecter contre cette assertion, puisqu'au moins il y a du
mouvement encore.

SOPHYLE.

Mais oui; il y a matière et mouvement:
car le mouvement n'est qu'une modification
de la matière. Or je dis, que rien au monde
ne sauroit venir de rien ; qu'aucune chose
ne sauroit être réduite à rien ; que la matière est; que par conséquent elle a été
toujours ; qu'elle sera toujours; et que les
changemens que nous voyons ne sont que
les apparences des différentes dispositions
des particules de la matière , qui changent
à tout instant par le mouvement continuel;
enfin je dis, qu'il n'y a que de la matière.

Si vous pouvez me faire voir, entendre,
toucher, flairer quelque autre chose que
de la matière, vous me ferez grand plaisir.
Voilà ma confession de foi.

EUTHYPHRON.

Mon cher Sophyle, cela est bien précis,
je l'avoue : mais avez-vous lu beaucoup de
livres où ce système soit soutenu?

SOPHYLE.

Oui vraiment.

EUTHYPHRON.

Avez-vous lu beaucoup de livres qui disent exactement le contraire?

SOPHYLE.

Non.

EUTHYPHRON.

Vous croyez cependant qu'il y en a beaucoup?

SOPHYLE.

Soit; mais je suis déjà convaincu de la
vérité par les premiers.

EUTHYPHRON.

Et moi je le suis par les derniers. Il faut
donc absolument que l'un de nous deux ait
tort; ou bien que tous les deux nous soyons
dans l'erreur.

SOPHYLE.

Cela est certain.

EUTHYPHRON.

Ainsi, mon cher Sophyle, si nous aspirons à la vérité, jetons ces livres qui se contredisent. La philosophie n'a été apportée sur la terre ni par Minerve, ni par les séraphins. Le premier philosophe fut homme; par conséquent la philosophie est dans l'homme. Nous sommes hommes; cherchons donc hardiment la philosophie dans nous-mêmes. Poussons ce fil dont j'ai parlé; il s'attachera sûrement à des vérités quelconques; et par ce moyen nous allons parcourir l'univers sans danger. Le fil du bon sens ne sauroit se rompre. Commençons par être neutres et libres de tout préjugé. Pour moi, qu'au bout de mes recherches je m'appelle du nom de telle ou telle secte, cela m'est indifférent, pourvu que je connoisse la vérité. J'avoue cependant que j'éprouverai un moment de tristesse, si nous venons à découvrir, qu'après cette vie je ne tiendrai plus à l'univers dont je fais partie aujourd'hui, que je serai anéanti enfin : mais je préfère la vérité à tout, et sans elle il ne

peut y avoir de bonheur réel. Car supposons
que j'eusse l'idée d'un mets exquis, dont
l'existence fût impossible, ce ne seroit pas
un malheur d'apprendre l'impossibilité d'en
goûter, parce qu'il est impossible qu'il
existe.

SOPHYLE.

Mais pourquoi voulez-vous que nous
jetions les livres, et que nous renoncions
à des vérités que nous avons déjà acquises
par le travail de tant de siècles ?

EUTHYPHRON.

En jetant les livres, je ne veux pas jeter
les vérités qu'ils contiennent. Les vérités
réelles se retrouveront bien vîte dans nos
recherches. Une vérité isolée est inaltérable.
Les hommes ne peuvent abuser d'une vérité
isolée ; mais ils en abusent dans l'emplace-
ment, dans la composition des vérités : et
c'est l'ouvrage de l'esprit. L'homme n'étant
pas fait pour les connoître toutes, son esprit
prend un certain nombre de vérités, les
rapproche autant qu'il lui est possible, les
lie par des rapports probables quelconques,
et les place, l'une à l'égard de l'autre, de la
façon qui lui paroît faire le plus beau total :

et voilà ce qu'on appelle un système. Il est
évident que de cette façon il peut y avoir
autant de systêmes de philosophie, que l'esprit pourra faire d'emplacemens différens
et de compositions différentes de vérités; et
que le vrai système seroit là où toutes les
vérités seroient liées étroitement ensemble
par d'autres vérités intermédiaires, et ne seroient qu'une seule vérité. Tous les systèmes
de philosophie que les hommes ont forgés
jusqu'ici, ne sont que des assemblages gra-
tuits, qui ont plu à tel individu ou à sa
secte. Si les vérités étoient toutes l'une à côté
de l'autre, sans intervalles, on sauroit, on
connoîtroit, mais on ne disputeroit pas. Il
n'y a que deux philosophies au monde où
les vérités se tiennent, et que l'esprit n'abâ-
tardit pas : c'est la socratique et la newto-
nienne. La dernière, je l'avoue, ne mérite
pas le nom de système de philosophie, puisqu'elle n'en fait qu'une branche très-petite,
n'embrassant uniquement que la mécanique, en tant qu'elle est applicable à la pure
géométrie. Mais pour la socratique, tout
est de son ressort. Socrate seul, Socrate,
qui feroit croire que l'homme ressemble à
Dieu, prêcha la philosophie ; tandis que

les autres ne prêchèrent que leurs systêmes philosophiques bornés. Il apprit aux hommes, qu'elle se trouve dans toute tête saine, dans tout cœur droit; qu'elle n'est pas fille de l'esprit ou de l'imagination, mais qu'elle est la source d'un bonheur universel et indestructible.

SOPHYLE.

Ce que vous me dites là, Euthyphron, me paroît assez vrai en général. Mais, dites-moi, quelle est donc votre philosophie?

EUTHYPHRON.

Ma philosophie, mon cher Sophyle, c'est celle des enfans; c'est celle de Socrate; c'est celle qui se trouveroit au fond de notre cœur, de nos ames, si nous prenions la peine de l'y chercher.

SOPHYLE.

Elle mérite bien que nous en prenions la peine, s'il est vrai qu'elle s'y trouve et qu'elle soit la source du bonheur. Mais comment procéderiez-vous à cette recherche?

EUTHYPHRON.

Si vous aviez l'envie et le loisir de la faire avec moi, nous y gagnerions tous les deux.

SOPHYLE.

J'ai cette envie et ce loisir. Mais, je vous prie, soyez court et clair.

EUTHYPHRON.

Vous serez content, j'espère. Mais lorsque je vous ferai une question, vous me répondrez de même en peu de paroles.

SOPHYLE.

Volontiers.

EUTHYPHRON.

Commençons donc par oublier tout ce que nous avons appris de systématique; et faisons ensuite ce raisonnement. Tout ce qui est passif, est : je sens; ainsi je suis passif : par conséquent je suis. Je vous dis que je suis : si vous êtes, et si vous me croyez, je suis intimement convaincu que vous croyez la vérité : par conséquent, si vous me dites que vous êtes, je vous crois, et j'ai la même conviction que je crois une vérité : par conséquent il y a vous et d'autres choses hors de moi; et je pourrois vous démontrer cette vérité de vingt façons différentes.

SOPHYLE.

Mais, Euthyphron, est-il besoin de me prouver que je suis, et qu'il y a des choses

hors de moi? de grace épargnez-moi de pareilles puérilités.

EUTHYPHRON.

Il faut ne nous rien passer sans preuve.
Dites-moi, Sophyle, comment savez-vous
que cette boule-là est hors de vous?

SOPHYLE.

Mais parce que je la vois : si elle tombe,
je l'entends : si je la touche, elle me paroît
solide : si je la soutiens, elle pèse.

EUTHYPHRON.

Oui : mais lorsque vous voyez cette boule,
l'idée que vous avez de cette boule est-ce la
boule?

SOPHYLE.

Non vraiment; ce n'est que le résultat du
rapport de cette boule avec moi, avec mes
yeux, mes organes, la lumière, et avec tout
ce qu'il y a entre cette boule et moi.

EUTHYPHRON.

Cela est très-juste. Mais diriez-vous la
même chose de ce cube que voilà?

SOPHYLE.

Très-certainement.

EUTHYPHRON.

Et de ce cône?

SOPHYLE.

Oui.

EUTHYPHRON.

Voilà ce qui nous montre déjà une vérité très-importante, savoir, que nos yeux et nos organes ne nous trompent pas, du moins par rapport à l'ordre des choses.

SOPHYLE.

Je ne vous comprends pas bien.

EUTHYPHRON.

Je dis que l'idée de la boule étant le résultat du rapport que moi, mes yeux, et la lumière avons avec la boule; que l'idée du cube étant le résultat du rapport que moi, mes yeux, et la lumière avons avec le cube; et que l'idée du cône étant le résultat du rapport que moi, mes yeux et la lumière avons avec le cône, il s'ensuit que dans ces cas, moi, mes yeux, et la lumière, restant les mêmes, la cause de mon idée du cône, est l'objet que j'appelle cône; celle de l'idée de la boule, est l'objet que j'appelle boule; celle de l'idée du cube, est l'objet que j'appelle cube : et par conséquent, l'idée du cube est au cube, comme l'idée de la boule est à la boule, et comme l'idée du cône est au cône : par conséquent, il y a entre les idées la même analogie qu'entre les choses ; et en raisonnant sur les idées, les conclusions que je tire de ces raisonnemens seront également analogues à celles que je tirerois des raisonnemens que je ferois sur les choses mêmes.

SOPHYLE.

Je le crois bien, Euthyphron ; car vous ne dites rien autre chose que ceci : « mes « raisonnemens sur les idées sont analogues « à mes raisonnemens sur les choses. » Vous auriez pu dire : « ce sont les mêmes ; » car vous ne connoissez les choses que par vos idées.

EUTHYPHRON.

Je souhaiterois fort que les idées, que nous avons des choses, fussent les choses mêmes ; alors, au moins, nous ne tomberions jamais dans l'erreur. Mais cela est impossible, puisque les choses qui sont hors de nous ne sauroient entrer dans nos têtes ; et par conséquent, il faut des moyens et des organes pour que nous ayons quelques sensations de leur existence : et c'est déjà beaucoup que nous ayons trouvé cette analogie entre les choses et les idées. Nous savons par-là que les rapports qu'il y a entre nos idées sont exactement les mêmes que ceux qu'il y a entre les choses dont elles sont les idées.

SOPHYLE.

Cela est très-vrai, Euthyphron. Mais lorsque vous parlez des choses, ajoutez, je vous prie, *en tant que je les connois par mes idées.*

EUTHHPHRON.

Vous avez raison, Sophyle; je vous entends; et c'est pour cela que nous devons voir maintenant quelle est la valeur d'une idée par rapport à l'objet dont elle est l'idée.

SOPHYLE.

Voilà précisément ce qu'il nous faut.

EUTHYPHRON.

Une chose quelconque, de quelque nature qu'elle puisse être, est une essence, puisqu'elle existe, qu'elle est. Cette chose, ou cette essence, peut avoir mille manières d'être que j'ignore.

SOPHYLE.

Qu'appelez-vous manière d'être?

EUTHYPHRON.

Le cône que vous voyez, a parmi toutes

les manières d'être qu'il peut avoir, et que
j'ignore, cette manière d'être par laquelle,
lorsqu'il coexiste avec la lumière, avec mes
yeux, avec moi, il produit un effet qui est
l'idée que nous avons tous les deux actuellement de ce cône, il a cette manière d'être
par laquelle il est visible pour tout être qui
voit; il a cette manière d'être, par laquelle
il diffère de la boule et du cube.

SOPHYLE.

Je comprends parfaitement bien.

EUTHYPHRON.

Or, ce cône est tel qu'il est; et étant tel
qu'il est, il est impossible qu'il me donne
à moi, restant tel que je suis, une autre
idée que celle que j'ai de lui. Mais, Sophyle,
nous n'avons considéré que deux choses:
d'un côté le cône tel qu'il est, et de l'autre
l'ensemble de moi, de mes yeux et de la lumière; tournons la chose, et considérons,
d'un côté, l'ensemble du cône, de la lumière
et de mes yeux, et de l'autre, moi qui ai
l'idée : vous verrez que le cône ne me trompe
pas, mais qu'il est effectivement et réellement tel qu'il me paroît, lorsque je lui ajoute
la lumière et mes yeux : et si nous faisons

attention à ce qu'une chose, qui est telle qu'elle est, ne sauroit avoir une autre manière d'être, qui feroit qu'elle ne seroit pas ce qu'elle est, nous voyons clairement qu'une chose que nous regardons, que nous entendons, que nous touchons, est, entre autres, réellement ce qu'elle nous paroît. Le premier homme qui a fait une montre, a commencé par les idées qu'il avoit d'un ressort, d'une roue, d'un levier; et en composant ces idées, en raisonnant sur elles, il en a résulté une montre imaginaire. Il a réalisé ce résultat; et voilà une montre véritable: et c'est une grande difficulté vaincue; car si les idées ne représentoient pas parfaitement ce que les choses sont entre autres, il y auroit eu l'infini de l'infini contre un à parier, que la réalisation des idées de cet homme n'eût pas produit une montre réelle, et il seroit absolument impossible qu'il existât aucune production du génie de l'homme.

SOPHYLE.

Que dites-vous ?

EUTHYPHRON.

Je dis que si le ressort n'étoit pas tel en effet que l'idée le fait paroître à l'homme,

si ses idées de la roue ou du levier étoient
fausses, l'idée de la montre, qu'il a composée
de ces idées, seroit absurde, et ne pourroit
être réalisée : or, cet homme réalise la
montre, elle est telle qu'elle l'étoit dans ses
idées; par conséquent, le ressort, la roue et
le levier, sont tels qu'ils l'ont paru à cet
homme.

SOPHYLE.

Euthyphron, je conviens de ce que vous
venez de dire; et j'avoue que nous pouvons
admettre hardiment, que nos idées simples
acquises ne nous trompent pas, mais représentent réellement des qualités qui sont essentiellement dans les choses dont elles sont
les idées; et que, de quelque façon que
nous composions ces idées, il y aura entre
elles le même ordre et la même analogie
qu'il y auroit entre les choses si nous pouvions les composer de même. Dites-moi si je
vous ai bien compris ?

EUTHYPHRON.

Parfaitement ; et je n'ai rien à y ajouter.

SOPHYLE.

Mais si la première montre étoit due au
hasard, que diriez-vous?

EUTHYPHRON.

Cela ne feroit rien à l'affaire. L'admirable canard de Vaucanson a existé dans sa tête avant que d'étonner les spectateurs ; car vous sentez bien que dans une composition quelconque, qui a une certaine fin pour but, l'idéal doit précéder nécessairement le réel. Nous verrons ensuite ce que c'est que le hasard. Mais, de grace, n'allons pas trop vîte.

SOPHYLE.

Mais encore, regardez, je vous prie, cette belle colonne de marbre blanc; si je la vois à travers ce verre rouge, elle me paroît rouge ; et si je la vois à travers ce verre qui a des couches différentes et inégales, elle me paroît courbée et brisée.

EUTHYPHRON.

En plaçant ces verres entre vos yeux et la colonne, vous n'avez rien fait à la colonne, je pense ?

SOPHYLE.

Non assurément.

EUTHYPHRON.

Ainsi, la colonne est ce qu'elle étoit : par conséquent, si la colonne n'étoit pas ce qu'elle est , elle ne vous paroîtroit pas rouge dans le premier cas, ni courbée et brisée dans le second.

SOPHYLE.

Je l'avoue. Mais lorsque je regarde la colonne à travers un verre à cent facettes , je vois cent colonnes au lieu d'une : ainsi, cet organe me trompe pourtant.

EUTHYPHRON.

Si la colonne n'étoit pas telle qu'elle est, vous ne verriez pas cent colonnes telles que vous les voyez. Si cent hommes se trouvoient placés à l'entour de cette colonne, et que chacun d'eux vous dit, Sophyle, je vois une colonne ; en concluriez-vous qu'il y a cent colonnes ? ou ne diriez-vous pas plutôt qu'ils voyent tous la même ? Si le nombre 4 n'étoit pas 4, le nombre 4 multiplié par 3 ne feroit pas 12.

SOPHYLE.

Voilà, mon cher Euthyphron , un sophisme bien conditionné , si je ne me trompe.

EUTHYPHRON.

Je souhaite que vous vous trompiez, Sophyle ; cependant il n'y a rien que nous devions éviter avec tant de soin : ce seroit le seul vice où nous pourrions tomber dans notre besogne ; et les suites en seroient sans ressources. Voyons d'abord ce que c'est.

SOPHYLE.

Vous dites, que si 4 n'étoit pas 4, 4 multiplié par 3 ne seroit pas 12. Vous prenez 4 pour l'objet, 3 pour vos organes et tout ce qui vous sépare de l'objet, et 12 pour l'idée que vous avez du 4. Mais cette idée est fausse, puisque 4 n'est pas 12. Si vous connoissiez encore le 3, ou vos organes, il n'y auroit point de difficulté : car vous n'auriez qu'à diviser le 12 connu par le 3 connu ; et vous trouveriez le 4 inconnu, ou bien l'essence de l'objet.

EUTHYPHRON.

Je sais bien que, lorsqu'il s'agit d'un objet hors de moi, l'idée que j'en ai n'est pas l'objet ; mais je dis que le cône, avec tout ce qu'il y a entre le cône et moi, fait l'idée du cône ; que le cube, avec tout ce qui est entre le cube et moi, fait l'idée du cube ; mais comme ce qui est entre le cube et moi, est la même chose que ce qui est entre le cône et moi, je conclus que la différence que j'aperçois entre le cône et le cube,

tient à la vraie essence du cône et du cube;
et comme cette différence tient à la raison
pour laquelle le cône n'est pas cube , et à
celle pour laquelle le cube n'est pas cône,
et que chacune de ces raisons tiennent réciproquement à l'essence vraie et du cône et
du cube , j'en conclus, que je m'aperçois
d'une des qualités qui sont de la vraie essence du cube, et d'une des qualités qui sont
de la vraie essence du cône. Je ne dis pas que
mes 12 font 4, mais que dans le 12 est comprise une partie de la vraie nature du 4.

SOPHYLE.

Vous avez raison ; et je n'ai plus rien à
vous répliquer jusqu'ici.

EUTHYPHRON.

Finissons donc cette recherche ; et prenons pour une vérité inébranlable , qu'une
chose hors de nous, qui nous paroît visible,
a tout ce qu'il faut pour être visible, et pour
nous le paroître ; et qu'une chose hors de
nous, qui nous paroît sonore, a tout ce qu'il
faut pour être sonore et pour nous le paroître ; et que, même, si nous avions les
organes vicieux , cela ne feroit rien à la
chose , puisque nous venons de prouver

géométriquement la vérité de l'analogie qu'il y a entre les choses et les idées , et que les rapports qu'il y a entre les idées sont exactement les mêmes que ceux qu'il y a entre les choses.

SOPHYLE.

Notre entretien , Euthyphron , me fait plaisir. Je suis convaincu que nos sens ne nous trompent pas. Cela est dans mon système ; et il me paroît vrai , que de nos idées nous pouvons conclure sûrement à l'essence des choses.

EUTHYPHRON.

C'est aller trop loin, mon cher Sophyle. Supposons un bloc de marbre, sur lequel il y auroit quatre inscriptions différentes, en grec, en arabe, en latin, en françois. Moi, qui ne sais que ma langue, je vous dirai le fait que ce monument me révèle. Mais écoutez le Grec; il vous dira : cette pièce me dit bien des choses sur le siège de Troie. L'Arabe dira : ce marbre donne de grandes lumières sur l'histoire de la chevalerie de Saladin. Le Romain : je ne savois pas que Cestius étoit l'affranchi de Pompée. Vous voyez que ces gens ne sauroient juger que sur ce qui est tourné de leur côté, sur ce qui est compréhensible pour eux, et il en est de même des essences.

SOPHYLE.

Cela me paroît assez vrai. Mais éclaircissez, je vous prie, ce que vous venez de dire.

EUTHYPHRON.

L'inscription grecque n'est compréhensible que par la langue grecque, et pour ceux qui l'entendent; l'arabe de même; et l'essence n'est visible que par la lumière, et pour ceux qui ont des yeux : elle n'est sonore que par l'air, et pour ceux qui ont des oreilles : elle n'est tangible que par l'attouchement, et pour ceux qui ont du tact : elle n'est enfin telle que par tels moyens, et pour ceux qui ont des organes analogues à tels moyens. Une essence peut avoir cent mille côtés, qui tiennent également à sa nature, et parmi lesquels trois ou quatre seulement sont analogues à nos organes actuels. Une essence peut avoir cent mille faces [1], qui

---

[1] Tout ce qui compose ou peut composer le tout, ou l'univers entier, est nécessairement essence. En tant que des essences ont un rapport avec l'organe de la vue, on appelle ces essences choses ou essences visibles : en tant que des essences ont un rapport avec l'organe de l'ouïe, on appelle ces essences choses ou

tiennent également à sa nature, et dont aucune n'est tournée vers nos organes. Ainsi, lorsque nous concluons de notre idée à l'essence de l'objet, c'est à cette face ou partie de l'essence qui peut agir sur nos organes.

SOPHYLE.

Je conçois, Euthyphron, que c'est très-bien raisonné; et que ce que vous dites seroit possible, s'il y avoit d'autres essences que de la matière.

EUTHYPHRON.

Pouvez-vous me dire ce que c'est que la matière?

SOPHYLE.

Mais oui : ce qui est visible, ce qui est impénétrable ou solide, ce qui est sonore.

EUTHYPHRON.

Sont-ce là des qualités essentielles de la matière, des parties, des faces de son essence?

essences sonores. Ainsi on appelle face visible de l'univers, cette modification, cette manière d'être, par lesquelles certaines essences ont du rapport avec l'organe de la vue; et l'on appelle face sonore de l'univers, cette modification, cette manière d'être, par lesquelles certaines essences ont du rapport avec l'organe de l'ouïe; et ainsi des autres faces, par lesquelles des parties de l'univers sont perceptibles pour des êtres quelconques.

SOPHYLE.

Sans aucun doute, depuis que nous avons trouvé que nos organes ne nous trompent point.

EUTHYPHRON.

Je le crois comme vous, Sophyle. Mais si vous aviez été aveugle, vous ne m'auriez pas parlé du visible, et votre matière ne l'auroit pas été. Si vous étiez sourd, vous ne m'auriez pas parlé du sonore, et votre matière ne l'auroit pas été. Vous voyez par-là que, dans ces cas, la matière auroit eu des qualités essentielles, ou des faces inconnues pour vous, mais qui ne l'auroient pas été pour ceux qui, doués de la vue et de l'ouïe, auroient pu savoir que ces qualités ou faces s'y trouvoient. Auriez-vous bien jugé dans ces cas, si vous aviez dit que la matière n'est qu'impénétrable, parce que vous n'auriez eu que du tact? N'auriez-vous pas mieux raisonné, en disant : la matière ne me paroît impénétrable que parce que j'ai du tact; si j'avois d'autres façons d'apercevoir, elle me paroîtroit toute autre; si elle pouvoit agir sur moi par cent mille moyens, par cent mille organes différens, je serois affecté par elle de cent mille façons différentes : elle auroit pour moi cent mille attributs pour la définir : delà s'ensuit, que le nombre de fois que je puis avoir une idée différente de la matière, ou plutôt de l'essence, dépend du nombre de mes organes et de mes moyens ; et comme je puis supposer un nombre indéfini d'organes et de moyens, la matière, ou l'essence, seroit différemment perceptible un nombre indéfini de fois; et par conséquent la matière, ou plutôt l'essence, a une infinité d'attributs ? Mais supposons encore qu'une essence, un globe, soit plongé en même temps dans l'eau, dans l'air, dans l'éther, dans mille, dans dix mille fluides de différente nature et de différente densité, le seul mouvement de ce globe mettroit en oscillation tous ces fluides; et s'il y avoit des êtres sentans doués d'organes analogues à tous ces fluides, cette essence, ou ce globe, auroit dix mille attributs. Où en sommes-nous donc, Sophyle, avec nos quatre ou cinq attributs de la matière, ou plutôt de l'essence? Le premier attribut essentiel d'une chose, c'est d'être. Les autres attributs essentiels sont ses rapports avec les différens genres de choses qu'elle n'est pas; et comme les choses qu'elle n'est pas peuvent être infinies en nombre, ses rapports le peuvent être de même; et par conséquent une essence, ou une chose quelconque, peut avoir une infinité d'attributs essentiels. Vous voyez par-là, mon cher Sophyle, la pauvreté de l'idée que nous attachons au mot matière, et qu'il ne désigne autre chose que les essences qui ont un rapport avec quatre ou cinq de nos organes, qu'elles peuvent manifester à nous par ces organes; et que, par conséquent, tout ce que nous appelons matière est à-peu-près l'infiniment petit de tout ce qui est essence.

SOPHYLE.

En vérité, voilà la matière bien déchue. Mais, Euthyphron, il y a des rapports constans entre toutes les choses qui coexistent, n'est-ce pas?

EUTHYPHRON.

Oui, certainement.

SOPHYLE.

Vous appelez tout essence. Toutes les essences qui coexistent avec nous, ont des rapports avec nous. Mais, selon vous, il y a des essences qui peuvent manifester leurs rapports à nous par nos organes, et il y en a d'autres qui ne peuvent pas nous les manifester. Je vous prie, sur quoi pouvez-vous parler de ces dernières?

EUTHYPHRON.

Sur quoi? — Comment? — ne pourrions-nous pas parler du temple de Jupiter Olympien, de la coupole de saint Pierre, de leurs beautés, de leurs défauts, sans les avoir jamais vus, et mieux peut-être que mille autres qui jouissent de près de ces grands phénomènes en architecture?

SOPHYLE.

Mon cher Euthyphron, cela ne prouve rien : car ce temple et cette coupole sont des choses visibles, et nous pouvons nous les figurer parfaitement à l'aide de ceux qui les ont vus. Je vous demande sur quoi, et comment vous pouvez parler des choses qui ne sont ni visibles ni sonores, qui n'ont avec vous aucun rapport, qu'elles puissent vous manifester par vos sens? Voilà ce que je vous demande : répondez-moi, je vous prie.

EUTHYPHRON.

Vous avez raison; le parallèle, je l'avoue, n'est pas juste. Mais ne puis-je parler des sels volatils qui constituent l'action de la fleur sur l'odorat, quoique je ne les voie pas?

SOPHYLE.

Cela ne vaut guère mieux : car lorsque vous parlez de sels, et d'actions par des sels, vous parlez de choses que nous appelons corporelles, c'est-à-dire, visibles, tangibles, etc.

EUTHYPHRON.

Mais la limaille de fer ne nous montre-t-elle pas qu'elle est attirée, et ses mouvemens modifiés par les effluxions de l'aimant, et même de quelle façon elle est modifiée? effluxions, pourtant, que nous ne connoîtrons jamais? Ne puis-je pas dire la même chose des actions et des effets électriques? ne puis-je pas raisonner sur l'air que je ne vois pas? est-ce que je ne le modifie pas souvent à ma fantaisie?

SOPHYLE.

Je conviens, Euthyphron, que tout ce que vous dites là est très-vrai; et tout physicien en sera d'accord avec nous. Mais ne puis-je pas supposer, par analogie avec tout ce que je vois, que ce qui est entre l'aimant et le fer, ce qui est entre le corps électrique et le corps non électrique, ce qui constitue l'air, est quelque matière subtile agissante, et dont les particules sont tellement configurées et modifiées, qu'elles produisent les effets que nous voyons; et que ces particules appartiennent aussi bien aux classes des visibles et des tangibles, que les plus grands corps, quoique la foiblesse, la grossièreté, ou l'imperfection de nos organes, nous empêchent d'avoir la moindre sensation de leur figure, de leur couleur, ou de leur poids? — Mon cher Euthyphron, nous cherchons la vérité, n'est-ce pas? Or, dites-moi, en conscience, avez-vous la moindre idée de la possibilité qu'un corps quelconque soit mis en mouvement, ou soit modifié d'une autre manière qu'il l'est, que par l'attouchement immédiat d'une autre chose corporelle; c'est-à-dire, qu'une chose, qui n'auroit rien de commun avec nos sens, pût agir avec effet sur des choses dont nous pouvons avoir des idées ou des sensations par nos sens?

EUTHYPHRON.

Je vois, Sophyle, que vous prenez du goût à nos recherches; que ce céleste amour pour la vérité vous anime. Vous me communiquez votre ardeur. Allons: jurons, par le génie de Socrate, de ne pas quitter la partie avant que d'avoir trouvé ce que nous cherchons. Ce que nous avons dit tantôt, que tout ce qui

est, est essence, c'est une vérité, n'est-ce
pas?

SOPHYLE.

Oui, sans doute.

EUTHYPHRON.

Que toutes les essences, qui coexistent,
ont nécessairement des rapports quelconques entr'elles?

SOPHYLE.

Cela est vrai.

EUTHYPHRON.

Par conséquent, toute essence, qui coexiste
avec nous, a des rapports quelconques avec
nous.

SOPHYLE.

Oui.

EUTHYPHRON.

Une essence ne peut manifester ses rapports à une autre essence, que par son action sur cette essence, ou sur ce qui l'en sépare.

SOPHYLE.

Il est vrai.

EUTHYPHRON.

Une essence ne sauroit avoir une connoissance d'une autre essence, que par les rapports qu'elle a avec elle.

SOPHYLE.

Je l'avoue.

EUTHYPHRON.

Et cette connoissance est bornée à ces rapports, qui peuvent se manifester, ou par une action immédiate, ou par une action sur des organes ou moyens quelconques.

SOPHYLE.

Oui.

EUTHYPHRON.

Toutes les essences, qui manifestent à nous leurs rapports, en tant qu'elles nous les manifestent, on les appelle matière; comme, par exemple.......

SOPHYLE.

Il est vrai, Euthyphron, et je sens parfaitement que le mot matière n'est qu'un signe, pour exprimer des essences en tant qu'elles ont de l'analogie avec nos organes actuels. Je suis presque convaincu maintenant de la possibilité, que l'essence ait une infinité de faces différentes de celles sous lesquelles nous l'appelons matière. Je dis plus, j'en sens même la probabilité. Mais il s'agit 1°. de m'en prouver la réalité; 2°. de savoir comment nous pouvons en avoir une idée; et 3°. comment une essence, qui n'a point d'analogie avec nos organes, pourroit agir sur une essence qui a de l'analogie avec nos organes.

EUTHYPHRON.

Voilà précisément les trois difficultés qui nous restent à vaincre. Voulez-vous, Sophyle, que nous les traitions à part, l'une après l'autre, et que nous bornions là nos recherches?

SOPHYLE.

Volontiers. Mais pensons au génie de Socrate, et à notre serment.

EUTHYPHRON.

Ne craignez pas que je sois parjure. Dites-moi, Sophyle, si un prince européen ordonne un siége au fond des Indes, est-ce que ce prince est la cause physique qui fait mouvoir le train d'artillerie dont on va se servir à ce siége?

SOPHYLE.

Voilà une question singulière. — Mais non; il le dit à d'autres, et ceux-là à d'autres, et ainsi de suite, jusqu'à ceux enfin qui font marcher cette artillerie.

EUTHYPHRON.

Sans ce prince, cette artillerie seroit restée à sa place?

SOPHYLE.

Hé bien oui.

EUTHYPHRON.

Pour faire mouvoir une trentaine de pièces de canon, il faut pourtant une force réelle
de cinquante mille livres au moins.

SOPHYLE.

Soit.

EUTHYPHRON.

Le prince n'envoie pas cette force de l'Europe en Asie, je pense.

SOPHYLE.

Non.

EUTHYPHRON.

Il envoie une once de papier, et l'artillerie marche. Si tout étoit matière dans l'univers, les choses n'iroient pas si commodé-
ment; et vous voyez par-là, Sophyle, qu'il
y a des essences qui ne sont pas ce que nous
appelons matière, et qui agissent avec bien
plus de facilité et bien plus d'énergie. Mais
dites-moi, je vous prie, vous rappelez-vous
le discours de notre ami, et ses différentes
démonstrations de l'hétérogénéité de l'ame
du corps?

SOPHYLE.

Je ne me les rappelle pas bien. Faites-m'en
ressouvenir, si vous le pouvez?

EUTHYPHRON.

Il nous donne trois démonstrations différentes; et les voici :

1°. Un corps en repos, ou dans un mouvement uniforme, persiste par sa nature dans
son état de repos, ou dans son mouvement
uniforme.

2°. Un corps ne sauroit donc passer du repos au mouvement, ou du mouvement uniforme à un mouvement accéléré, que par
l'action d'une chose qui n'est pas ce corps.

3°. Le corps de l'homme, par un acte de
sa velléité, passe du repos au mouvement,
ou du mouvement uniforme à un mouvement accéléré.

4°. Ainsi, le corps de l'homme est mis en
mouvement, ou son mouvement est accéléré, par l'action d'une chose qui n'est pas
ce corps.

5°. Il s'ensuit, que le principe moteur de
ce corps, que nous appelons l'ame, est une
chose différente de ce corps.

1°. Il est contradictoire qu'une chose quelconque détruise une propriété essentielle de
soi-même, puisqu'il est de son essence d'avoir
cette propriété : ainsi, elle se réduiroit elle-
même au néant; ce qui est absurde.

2º. Une propriété essentielle du corps en mouvement, est de persister à se mouvoir dans la même direction.

3º. Or, l'homme, d'un acte de sa velléité, change la direction du mouvement de son corps.

4°. Par conséquent, l'homme, s'il n'étoit autre chose que son corps en mouvement, détruiroit une propriété essentielle de soi-même.

5º. Il s'ensuit encore, que le premier moteur de ce corps, que nous appelons l'ame, est une chose différente de ce corps.

1º. Les idées que nous avons des choses, dérivent des rapports qui se trouvent entre les choses et notre façon d'apercevoir et de sentir.

2°. Il est possible que nous ayons une idée de tout ce qui est étendu et figuré.

3°. La moindre particule de notre corps est étendue et figurée.

4°. Par conséquent, il est possible que nous ayons une idée de la moindre particule de notre corps,

5°. Mais l'idée est le résultat du rapport qui se trouve entre la particule et celui qui aperçoit.

6°. Par conséquent, ce qui aperçoit est autre chose que la particule, et l'ame une chose différente du corps.

Vous rappelez-vous maintenant ces démonstrations, Sophyle?

SOPHYLE.

Oui, très-bien, et je me souviens à présent d'une chose singulière qui m'est arrivée pendant le discours de notre ami, et qui m'arrive encore à cette heure.

EUTHYPHRON.

Qu'est-ce que c'est?

SOPHYLE.

Ma raison y suit parfaitement la marche de son esprit. Je n'ai rien à y contredire. Il me semble qu'il va de vérité en vérité. Mais à la fin ses raisonnemens me répugnent : je ne le conçois plus; je ne sens pas la vérité; je n'ai pas cette conviction intime et parfaite dont elle est toujours accompagnée ; et quelque simples que soient ses raisonnemens, je crains tacitement qu'il ne m'ait trompé, et ne m'ait mené à travers quelques sophismes que je n'ai pas aperçus.

EUTHYPHRON.

Je le crois bien, Sophyle, mais ce n'est

pas la faute du raisonnement, c'est celle des bornes naturelles de notre esprit, qu'on peut reculer pourtant d'une façon prodigieuse par l'exercice. Ce qui vous arrive par rapport à ce passage, est précisément ce qui arrive à tout homme la première fois qu'on lui démontre qu'un carré fini est égal à un espace infini. Son esprit se trouve dans une perplexité, qu'il parvient à vaincre pourtant à force de méditations. Lorsqu'une démonstration roule sur la comparaison de deux choses, ou sur la recherche du rapport entre deux choses, et qu'au bout du raisonnement on trouve que ces deux choses sont de nature totalement différente, l'esprit est étonné, étourdi de l'espace immense entre ces deux choses, qu'il ne sauroit franchir, faute de connoître la route qui mène de l'une à l'autre. Si vous conceviez comment l'ame immatérielle peut agir sur le corps matériel, ne croyez-vous pas que ces doutes disparoîtroient bien vîte?

SOPHYLE.

Oui, j'en suis convaincu ; mais la réflexion que vous venez de faire suffit pour me convaincre parfaitement que l'ame est autre chose que le corps.

EUTHYPHRON.

Hé bien, Sophyle, vous convenez donc qu'il y a réellement d'autres essences que celles que nous appelons matière; et la première de nos difficultés est terrassée, n'est-ce pas?

SOPHYLE.

Oui, pleinement ; mais comment avez-vous une idée de ces essences?

EUTHYPHRON.

Il faut, Sophyle, que nous fassions à présent quelques réflexions sur le mot *idée*. La perception que l'ame a de quelque chose que ce puisse être, naît nécessairement d'une sensation quelconque; et en tant qu'elle a une sensation qu'elle sent, elle est passive, soit que ces sensations lui viennent par une action quelconque de dehors, soit que l'ame elle-même se donne ou se procure une sensation : elle est passive pour autant qu'elle sent. Le mot *idée*, ou εἶδος, ou ἰδέα en grec, est le même que le mot *image*. J'ai la perception d'une statue, c'est-à-dire, j'ai l'idée de la statue, j'ai l'image de la statue. *Image* suppose figurabilité, visibilité, contour, etc., et par-là il paroît que le mot *idée* n'appartient proprement qu'aux seules perceptions que nous avons de tout ce que nous appelons matière.

SOPHYLE.

Je comprends parfaitement bien; mais avons-nous d'autres perceptions?

EUTHYPHRON.

Avez-vous une perception de ce qui est juste?

SOPHYLE.

Oui certes. — Mais il y auroit des gens qui nous diroient, qu'il n'y a de perception de la justice, qu'à l'aide de l'idée d'une balance, ou de quelque chose de pareil.

EUTHYPHRON.

Laissons ces gens, Sophyle; ils ne font cette réflexion qu'à l'aide du bandeau qu'on donne à la figure de la justice. Mais avez-vous une perception d'un mensonge, d'un crime, d'un gouvernement, de l'amour, de la reconnoissance, de la bonté?

SOPHYLE.

Oui, mais ce sont des perceptions de qualités, de modifications.

EUTHYPHRON.

De quoi? du cône ou du cube?

SOPHYLE.

Vous voulez rire, Euthyphron? — Non :
— de nos propres ames; de celles des autres
et de leurs actions.

EUTHYPHRON.

Vous ne pouvez pas avoir la perception
d'une modification, ou d'une qualité d'une
chose, sans avoir celle d'une partie de son
essence.

SOPHYLE.

Cela est très-vrai.

EUTHYPHRON.

Or, nous sommes convaincus que l'ame
n'est pas ce qu'on appelle matière; ainsi,
nous pouvons avoir la perception des choses
qui ne sont pas matière.

SOPHYLE.

Je l'avoue.

EUTHYPHRON.

Vous n'avez pas l'image d'un mensonge,
d'un crime, d'un gouvernement, de l'amour
de la reconnoissance, de la bonté, d'une
ame.

SOPHYLE.

Non, mais j'en ai une perception.

EUTHYPHRON.

Nous avons vu que toute perception naît

d'une sensation quelconque. Une sensation
suppose nécessairement du passif dans ce
qui sent. Le passif suppose nécessairement
de l'actif, ou quelque action de dehors.
Ainsi une perception naît de l'action d'une
chose quelconque hors de nous. Or, une
essence ne peut agir sur une autre essence
que par le contact immédiat, ou par des organes ou des moyens. L'ame immatérielle
agit sur le corps matériel, et *vice versa*. Le
corporel agit sur le corporel, l'immatériel
sur l'immatériel ; et comme il s'agit ici de
nous, c'est-à-dire, d'essences qui ont la faculté de sentir, il faut donc qu'il y ait des
organes et des moyens entre eux pour servir de véhicules, et pour propager leurs
actions réciproques, afin de produire ces
sensations.

SOPHYLE.

J'avoue, Euthyphron, que je commence
à entrevoir de la clarté. Il dépend de vous
peut-être de me rendre à la lumière. Ne
restez pas en si beau chemin, je vous en con-
jure au nom de votre patron, dont le génie
veille sur le serment que nous venons de faire.

EUTHYPHRON.

Il ne dépend que de vous, mon cher Sophyle, de voir la lumière. Je ne ferai d'autre raisonnement que celui que vous-même auriez pu faire si vous aviez voulu réfléchir et vous rendre libre et absolument indépendant de toute opinion d'autrui. Je ne demande qu'une attention non interrompue; et comme vous voulez que je sois clair, il faut me pardonner quelques répétitions, auxquelles le fil de mes idées pourroit m'obliger.

SOPHYLE.

Je vous écouterai avec toute l'attention possible; et pour les répétitions, je les crois utiles et nécessaires dans des recherches telles que sont les nôtres à présent.

EUTHYPHRON.

Si on raisonnoit de cette façon (et c'est ainsi qu'on raisonne plus souvent qu'on ne le pense) « Ce qui n'est ni tangible, ni visi-« ble, ni sonore, n'est rien, et par consé-« quent ne pourroit jamais produire aucun « effet physique, c'est-à-dire, aucun effet « qui soit tangible, visible, etc. » : ce raisonnement ne vaudroit rien, sans doute. Car, supposons qu'un aveugle raisonnât ainsi, « Ce qui n'est ni sonore, ni tangible, n'est « rien, » que sera-ce de cette immense étendue, de tant de soleils, de tant de mondes, dont l'aveugle ne sauroit avoir la moindre idée? Nous avons dit que tout ce qui est, est essence. Une essence, en tant qu'elle a du rapport à l'organe de la vue, nous l'appelons essence visible; en tant qu'elle a du rapport à l'organe de l'ouïe, nous l'appelons essence sonore; en tant qu'elle a du rapport à l'organe du tact, nous l'appelons essence tangible; et en général, en tant qu'elle a des rapports à tous ces organes, nous l'appelons matière. Pour définir cette matière le plus philosophiquement possible, on n'a pu que puiser dans nos sensations et dans nos idées, qui sont les résultats de ces rapports; et delà sont dérivés les attributs que nous donnons à cette matière, comme étendue, impénétrabilité, etc., ou bien plutôt, visibilité, tangibilité, etc. La précision de la définition de cette matière, la rendit plus applicable à la géométrie; et maniée enfin par un génie tel que celui de Newton, elle produisit une physique vraie, dont les fondemens étoient inaltérables. Les sectateurs de ce grand homme, en marchant sur ses traces, poussèrent l'empire de la vérité dans la physique jusqu'à un point qui étonne; mais à mesure qu'ils firent des progrès dans cette science, l'idée de la matière acquit insensiblement une rigidité, que très-assurément elle n'avoit pas dans la tête de Newton. Supposons à présent, qu'un homme, destitué de l'organe du tact, donnât de même le nom de matière à toute essence qui auroit des rapports avec ses organes; il est évident que l'impénétrabilité n'entreroit plus dans la définition de la matière. Supposons qu'un aveugle donnât de même le nom de matière à toute essence qui auroit des rapports avec ses organes, l'étendue ne seroit plus un attribut de la matière. Supposons qu'un être doué de cent autres espèces d'organes, qui tous auroient d'autres et de différens rapports à l'essence, donnât de même le nom de matière à toute essence, en tant qu'elle auroit des rapports avec ses organes, la matière auroit de tout autres attributs. Remarquons à présent l'absurdité apparente qui résulte de ces suppositions. Dans le premier cas, quelle idée se faire d'une matière sans impénétrabilité! Dans le second, quelle idée se faire d'une matière non-étendue! Dans le troisième, quelle idée se faire d'une chose dont on ne sauroit rien nier ni affirmer! La lumière n'est lumière que pour les yeux; le son n'est son que pour l'oreille; et l'essence n'est visible, tangible, sonore, que par ses rapports à la vue, au tact et à l'ouïe; c'est-à-dire, parce qu'elle est ce qu'elle est. Ainsi, lorsqu'on a démontré que l'ame n'est pas matière, on a démontré que l'ame n'est pas essence, en tant que l'essence a du rapport au tact, à la vue ou à l'ouïe. Mon cher Sophyle, je suis l'ordre que vous m'avez prescrit. Je crois que ces réflexions suffisent à tout homme raisonnable et non-prévenu, pour se convaincre pleinement de la possibilité de l'existence d'essences, qui ne sauroient nous manifester les rapports qu'elles ont avec nous. Mais résumons encore les preuves de la réalité de leur existence, en y mettant toute la clarté possible.

Pour qu'un homme ait une sensation d'une autre essence quelconque hors de lui, il faut trois choses nécessairement.

1º. Il faut que cette essence puisse agir sur ce qui est entre elle et l'homme.

2º. Il faut qu'il y ait quelque chose entre elle et l'homme, que j'appelle véhicule d'action.

3º. Il faut que l'homme ait un organe ana-

logue à ce véhicule, c'est-à-dire, capable
d'en pouvoir recevoir l'action.

Si l'une de ces trois choses manque, il n'y
a pas de sensation. Par exemple:

1°. Un corps parfaitement diaphane ne
sauroit réfléchir la lumière: par conséquent,
il n'y a pas de vision, faute de l'action de
l'objet sur le véhicule.

2°. Placez un carillon dans le vide, il n'y
aura pas de son, faute d'un véhicule inter-
médiaire.

3°. Un homme étant sourd ou aveugle, il
n'y a ni son ni vision, faute d'organes analogues aux véhicules.

Un grand morceau du cristal le plus pur
et le plus parfaitement poli sera invisible,
parce qu'il fera passer toute lumière; et
nous ne devrons qu'à son rapport avec l'organe du tact la connoissance de son impénétrabilité. Le tact anéanti, ce grand morceau de cristal ne sera-t-il donc rien? L'air,
cet agent si nécessaire à tout ce qui respire,
et si terrible lorsque son ressort se relâche,
ne sera-t-il donc rien sans le tact et l'oreille?
Les effluxions magnétiques, dont les effets
sont si prompts et si sensibles, ne seront-ils
donc rien, parce que c'est une essence qui

ne manifeste aucun rapport quelconque avec aucun de nos organes, ou parce qu'il ne se trouve entre elle et nous aucun véhicule analogue à son activité et à nos organes?

Je ne vous rappelerai pas, Sophyle, les démonstrations subtiles, mais sûres, de l'immatérialité de l'ame. Qu'est-il besoin de donner dans ces abstractions? Nous savons qu'en tout, une cause doit être analogue à son effet, et l'effet à sa cause. Nous savons en physique, que pour mouvoir une masse de mille livres, il faut au moins une force réelle de mille livres. Mettez mille livres dans l'un des bassins de la balance, il en faut mille, au moins, dans l'autre, pour les mouvoir. Posons que la pyramide de Rhodope, ou le tombeau de Mausole, pesassent cinquante millions de livres, comment a-t-on construit ces monumens? par des machines, par des bras, dont toutes les forces réelles, réunies ensemble, valurent au moins cinquante millions de livres. Si tout est matière dans l'univers, cherchez donc les forces réelles analogues à ces prodigieuses masses; cherchez le poids de cinquante millions de livres dans les attraits de Rhodope, ou dans la sensibilité d'Artémise. Ce n'est pas moi qui suis ridicule, Sophyle, en faisant cette réflexion, ce sont ceux qui, sans réfléchir, embrassent une opinion qui se détruit elle-même par son propre ridicule. Après vous avoir prouvé l'existence réelle de tant d'essences, qui ne sont pas de la classe de celles que nous appelons matérielles, je dois montrer qu'il est possible, qu'une essence, par une qualité qui ne sauroit se manifester à nos organes, puisse agir sur des essences qui peuvent se manifester à nous par nos organes, tellement que ces essences les manifestent à nous par nos organes.

Supposons un homme destitué de l'organe du tact, et doué de celui de l'oreille, il est évident que l'essence ne se manifeste pas à lui par le tact, et que, par conséquent, pour lui, elle n'est pas impénétrable. Mais un marteau frappe et agit sur la cloche, en tant que ce marteau et cette cloche ont de l'impénétrabilité, ou en tant que tous les deux tiennent à la face tangible; et cependant l'action du marteau sur la cloche manifeste le rapport de la cloche à l'homme, en tant qu'elle tient à la face sonore.

Supposons un homme destitué de l'organe du tact, et placé devant un bloc immense

du cristal le plus pur. Ce cristal n'existe pas
pour lui, puisqu'il ne sauroit le voir, faute
de l'action du cristal sur ce qui le sépare
de l'homme; ni le sentir, faute d'un organe
analogue. Supposons un autre bloc de la
même nature, qui, heurtant contre le premier, le brise en mille pièces; à l'instant
même ces deux cristaux seront visibles et
sonores pour cet homme; et cela par l'action de ces deux morceaux l'un sur l'autre
en tant qu'ils sont impénétrables ou solides,
c'est-à-dire, en tant qu'ils ont une qualité,
dont l'homme supposé ne sauroit avoir jamais la moindre idée, ni la moindre notion
quelconque. Posons que notre homme soit
philosophe, et qu'il ne se contente pas de
voir des effets, mais qu'il veuille en connoître les causes; il est évident qu'il cherchera
en vain, pendant toute l'éternité, la cause
de ce phénomène. Prenez la peine d'appliquer ces réflexions à tant d'effets dont nous
ignorons les causes; vous verrez, d'un côté,
combien, dans la nature, il se trouve de causes dont l'analogie avec leurs effets est totalement voilée pour nous et nos organes actuels, ou dont les actions, qui produisent
des effets sensibles pour nous et pour nos or-

ganes, n'ont rien de commun avec nos façons d'apercevoir et de sentir; et de l'autre,
combien l'homme cherche souvent en aveugle, et s'amuse avec ardeur à des recherches
nécessairement inutiles !

De ce que je viens de dire il suit naturellement, qu'une essence, par une qualité qui
ne sauroit se manifester à nous par aucun
de nos organes actuels, peut agir sur une autre essence tellement, que cette autre essence
manifeste son rapport à nous par quelqu'un
de nos organes, et par conséquent toute cette
incompréhensibilité apparente s'évanouit;
et il est très-possible que ce que nous appelons essence immatérielle (parce qu'elle ne
manifeste aucun rapport avec nous par aucun de nos organes), puisse agir sur ce que
nous appelons essence matérielle (parce
qu'elle manifeste son rapport avec nous par
nos organes): c'est-à-dire, qu'il n'y a plus
rien d'absurde dans l'action de l'ame immatérielle sur le corps matériel.

Mais tâchons encore, mon cher Sophyle, de
concevoir, autant qu'il est permis à l'homme,
de quelle façon cette ame agit sur le corps.

Une chose ne peut agir sur une autre
chose, qu'en ayant un rapport à cette autre

chose : elle ne peut avoir un rapport à une autre chose, qu'en tant qu'elle a une ou plusieurs qualités, modifications, ou manières d'être communes avec cette autre chose : par conséquent elle ne sauroit agir sur une autre chose, qu'en tant qu'elle a une ou plusieurs qualités, modifications, ou manières d'être en commun avec cette autre chose.

L'ame et le corps sont deux choses totalement différentes pour nous, comme nous en sommes convenus maintenant : par conséquent ils ont des qualités, modifications ou manières d'être différentes, en tant que nous les connoissons.

Or, l'ame et le corps agissent l'un sur l'autre réciproquement : par conséquent l'ame et le corps doivent aussi avoir une ou plusieurs qualités, modifications, ou manières d'être en commun, que nous ne connoissons pas.

Mais il a été prouvé plus haut, que deux choses, par une qualité, modification ou manière d'être inconnue, peuvent agir l'une sur l'autre tellement, que ces choses se manifestent à nous par leurs qualités, modifications ou façons d'être connues.

Par conséquent l'ame, par ses qualités,

modifications ou manières d'être inconnues, qu'elle a en commun avec le corps, agit sur le corps tellement, que le corps manifeste ses qualités, modifications ou manières d'être connues, et *vice versa.*

Le rapport qu'il y a entre un nerf ou le cervelet et l'ame, dérive, suivant la démonstration, d'une qualité, modification ou manière d'être commune à l'ame et au nerf, ou au cervelet. Le nerf, ou le cervelet, comme nerf ou cervelet, est une essence composée. Les qualités qu'elle peut avoir en commun avec l'ame, elle les a comme composée, puisque sans cela l'ame pourroit agir de même sur toute matière qui ne seroit ni nerf ni cervelet; ce qui n'est pas. Les automates de Huygens ou d'Orrery n'imitent ni ne prédisent les mouvemens des corps célestes, qu'en qualité de composés. Or, le nerf ou le cervelet se décompose par la mort; par conséquent les qualités qu'il a, comme composé, sont détruites; par conséquent son rapport avec l'ame est détruit, mais l'ame reste.

Voilà, mon cher Sophyle, la base sur laquelle je fonde ma philosophie: et je me persuade qu'en partant de là, nous pouvons aspirer, d'un côté, à une physique exempte d'erreurs et de suppositions précaires, et de l'autre, à une morale élevée, consolante, et digne de ceux qui sentent toute la force de leur existence. Si vous voulez prendre la peine de vous rappeler les résultats de nos raisonnemens, vous jugerez vous-même si je suis parjure.

SOPHYLE.

Nous avons trouvé, 1°. que nos organes ne nous trompent pas, mais qu'ils nous représentent, d'un côté, plusieurs qualités essentielles des essences; et de l'autre, le vrai rapport que les choses ont entr'elles, en tant qu'elles sont analogues à nos organes; 2°. que ce que nous appelons matière, n'est que l'essence en tant qu'elle est analogue à nos organes; 3°. qu'il y a des essences qui sont autre chose que ce que nous appelons matière; 4°. que nous avons des perceptions de plusieurs qualités d'essences immatérielles, aussi vraies et aussi sûres que le sont les idées que nous avons de plusieurs qualités d'essences matérielles; 5°. de quelle façon il est aisé de concevoir comment ce que nous appelons immatériel agit sur la matière.

Mon cher Euthyphron, autant que l'hom-

me est susceptible de conviction, je me dé-
clare convaincu par vos discours. Non, vous
n'êtes pas parjure; le génie de Socrate sera
dorénavant aussi mon guide.

LETTRE

SUR

UNE PIERRE ANTIQUE.

LETTRE

SUR

UNE PIERRE ANTIQUE

DU CABINET

DE M. THÉODORE DE SMETH,

ANCIEN PRÉSIDENT DES ÉCHEVINS DE LA VILLE D'AMSTERDAM.

Vous désirez, Monsieur, de savoir ce que je pense sur votre belle améthyste. Quoique votre collection de pierres gravées soit une des plus riches et des mieux choisies, je crois pourtant que cette gravure en fait le plus bel ornement, tant par l'excellence du travail que par la singularité et l'importance du sujet.

A la première inspection de la pierre, l'esprit du dessin et du groupe, la délicatesse des touches et la perfection du poli interne indiquent d'abord un ouvrage grec de la première classe. Un peu plus de réflexion fait apercevoir aisément un accord décidé entre le goût du travail que nous admirons sur les médailles d'Himère, d'Héraclée, d'Agrigente et de Syracuse, et entre le contour fin et terminé de la tête, de la figure du cheval et des queues de poissons qui se trouvent sur votre améthyste.

On pourroit en conclure qu'elle appartient à la Sicile; et cette idée se trouve parfaitement vérifiée, lorsqu'on considère que les dauphins sont constamment le symbole, soit de Syracuse, soit de la Sicile entière.

Si ensuite on examine le cheval, qui n'est pas marin, et qui semble sortir des ondes, jointe à la longue pique qui se voit à ses côtés, on s'apercevra aisément que le but de l'artiste a été de désigner une expédition militaire.

Il est universellement reçu, parmi les antiquaires, que les chevaux avec une *hasta* dénotent une expédition : nombre de monumens et de médailles antiques en font foi; et pour vous en convaincre, Monsieur, je ne vous citerai que deux exemples : l'un se trouve sur le beau bas-relief d'argent que le plus grand des connoisseurs [1] a mis dans le second volume de son *Recueil d'Antiquités*, et qui représente la marche de la flotte athénienne vers Salamis; l'autre est un médaillon [2] unique du cabinet de Mgr. le prince

---

[1] Le comte de Caylus.

[2] Qu'il me soit permis d'en donner ici l'axplication. D'un côté se voit la tête de Seleucus ii, entourée du diadème et sans barbe, et de l'autre un homme à cheval, une longue pique à la main, avec cette inscription : ΒΑΣΙΛΕΩΣ ΣΕΛΕΥΚΟΥ Π Δ (du roi Séleucus, l'an 84 des Seleucides). Ce médaillon diffère de celui que M. Frœlich nous donne dans ses excellentes annalles des Syro - Macédoniens, et sur lequel ne se trouve point d'époque. Si on le compare à la petite médaille avec le Pégase que M. Haym a publiée le premier, et à tout ce que les auteurs anciens, Vaillant et Frœlich ont dit sur Seleucus Callinicus Πώγων, il s'ensuivra que Seleucus ayant été vaincu dans la

d'Orange, qui représente l'expédition que Seleucus Callinicus alloit faire contre les Parthes.

Après ceci, l'on pourroit conjecturer, avec beaucoup de fondement, qu'en général le sujet de la gravure est une expédition militaire méditée ou exécutée par quelque roi ou tyran de la Sicile, et cela pourra convenir également à la fameuse diversion d'Agathocle, à des expéditions entamées par Hiéron et par Denis l'Ancien, ou à celle de Gélon, qui ne s'exécuta point.

Mais voici ce qui détermine un peu plus. Si vous regardez la figure principale avec attention, vous apercevrez que c'est celle d'une femme. La délicatesse de sa physionomie, la partie du sein que les éclats de l'améthyste ont épargnée, et ces tresses longues qui flottent dans l'air ou qui descendent le long de son dos, ne permettent plus d'en

guerre contre les Parthes, l'an 74 ou 75, et ayant été rappelé ensuite par les affaires que le roi de Pergame lui suscita de nouveau en Asie, fit sa paix avec Attalus et probablement avec Arsace, et qu'après, sur la fin de 84 ou au commencement de 85 il renouvela la guerre contre les Parthes, dans laquelle il fut fait prisonnier, Arsace le relacha, et il mourut en 87.

-douter. Sa tête est entourée d'un diadême, et, ce qu'il faut bien remarquer, c'est qu'elle ne se trouve point dans l'attitude d'une personne qui veut monter le cheval, mais dans celle d'une personne qui veut le retenir : la position de ses jambes le prouve assez. Et en effet, elle ne le retient pas seulement par la bride, mais l'animal même se cabre et semble faire des efforts contre la main qui le retire.

A la bataille d'Himère, aussi célèbre que celles de Platée et de Marathon, les Carthaginois perdirent trois cents mille hommes, avec leur chef et tout le bagage. Craignant que Gélon, après une victoire si considérable, ne passât d'abord en Lybie, ils retirèrent dans la ville le peu de troupes qui leur restoient ; ils fortifièrent Carthage, et tout de suite envoyèrent des ambassadeurs à Syracuse pour implorer la miséricorde du vainqueur. Afin de mieux adoucir son ressentiment, ils s'adressèrent à Damarète, femme de Gélon, et fille de Théron, tyran d'Agrigente, qui eut beaucoup de part au succès de cette guerre.

Damarète fit tant auprès de son mari, qu'elle le calma, et lui fit donner la paix aux

Carthaginois à des conditions assez favorables dans la conjoncture où ils se trouvoient. Ceux-ci ne furent pas ingrats envers la reine, et lui payèrent ses bons offices en lui faisant présent d'une couronne et de cent talens d'or.

Damarète employa cet or pour éterniser son ouvrage, et en fit frapper des médailles qui furent appelées δαμαρέτια ou πεντηκοντάλιτρα, pour en désigner la valeur.

Supposez à présent, Monsieur, qu'il nous restât un δαμαρέτιον; croyez-vous que le revers en représentât le sujet avec plus de clarté, plus de grandeur et plus de véritable goût de l'antique, que ne fait cette excellente gravure ?

J'ai pris ces détails dans Diodore de Sicile, et en partie dans Timée, cité par le scholiaste de Pindare. Mais pour vous dire tout, il y a encore deux auteurs qui parlent du δαμαρέτιον, savoir, Pollux et Hesychius : ils veulent que cette monnoie s'appela ainsi, parce que Damarète la fit frapper de sa vaisselle et de sa toilette pour subvenir à l'indigence où Gélon se trouvoit à l'occasion de cette guerre. Mais voici trois remarques que je vous prie de considérer.

I. La guerre fut commencée et terminée dans une seule campagne, suivant Hérodote et Diodore.

II. Je ne crois pas qu'il y ait un homme raisonnable qui, lorsqu'il s'agit d'un fait d'histoire, veuille mettre Pollux et Hesychius en parallèle avec Diodore.

III. La disette d'argent n'est pas probable avant la bataille, puisque Gélon marcha au camp d'Himère avec les troupes qu'il avoit, sans avoir le temps de faire de nouvelles levées, ni après la bataille, puisque le butin fut si considérable, que les Agrigentins et d'autres embellirent leurs villes par des ouvrages d'une grande magnificence, et que Gélon fit de très-riches présens, non-seulement aux villes alliées, mais même aux temples de la Grèce.

Je dois encore ajouter, Monsieur, qu'il ne faut pas en croire les antiquaires, qui se sont imaginés avoir déterré le *δαμαρέτιον*, et beaucoup moins lorsqu'ils attribuent à notre Damarète la médaille de Philistis, aussi connue que peu expliquée.

Je pourrois égayer cette lettre, si je voulois vous détailler les pauvretés que ces Messieurs ont débitées au sujet de Damarète et de sa monnoie, faute de savoir le grec; mais comme cela ne fait rien à notre sujet, je finirai en disant encore un mot sur le ΔΑΛΙΩΝ· Après l'explication que vous venez de lire je ne crois pas que personne prenne ΔΑΛΙΩΝ pour le génitif de Δήλιοι, et veuille en conclure que la gravure appartienne à l'île de Délos. D'ailleurs, il n'y a presque point d'exemples qu'on trouve le nom d'un peuple sur une pierre gravée, et je ne me souviens que d'une seule gravure, de travail romain très-mauvais, où se trouve le nom d'une colonie romaine. Il faut donc prendre le mot ΔΑΛΙΩΝ pour le nom propre de l'artiste; et la seule réflexion qui resteroit à faire, seroit qu'on pourroit rectifier le nom d'ΑΛΛΙΩΝ, qui se trouve sur plusieurs petites gravures, en changeant l'A en Δ, et le premier Λ en A. Mais cette réflexion n'est pas seulement peu importante, elle manque encore de justesse, puisque de toutes les gravures d'ΑΛΛΙΩΝ, il n'y en a aucune dont le travail ressemble le moins du monde à celui de votre Δαμαρέτιον.

FIN DU PREMIER VOLUME.

TABLE
DU PREMIER VOLUME.

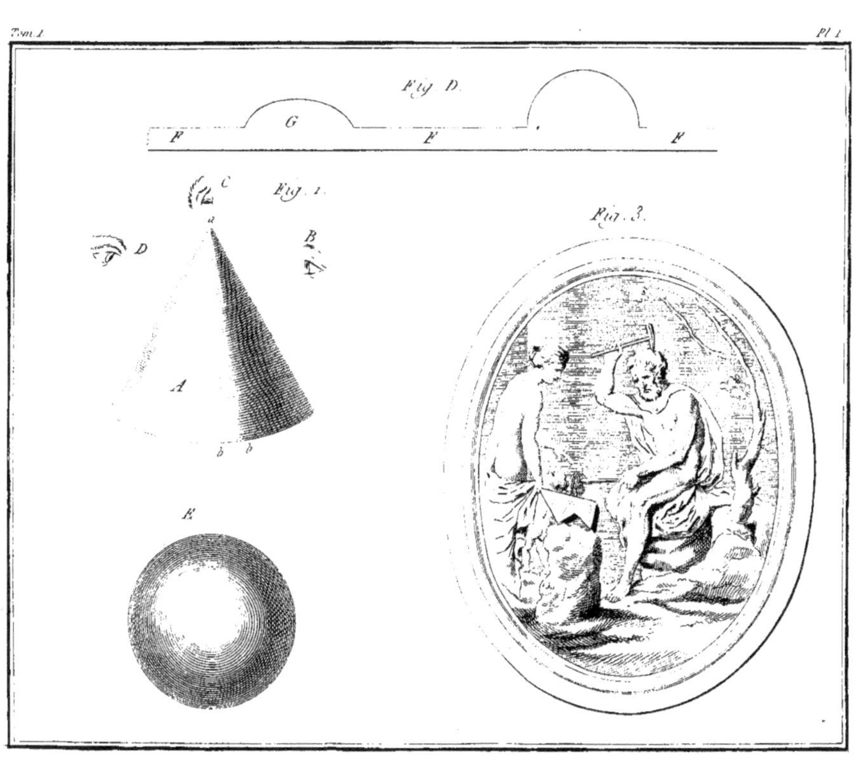
Fig D.
G
F
E
E
Fig. 1.
C
a
D
B
A
b b
E
Fig. 3.

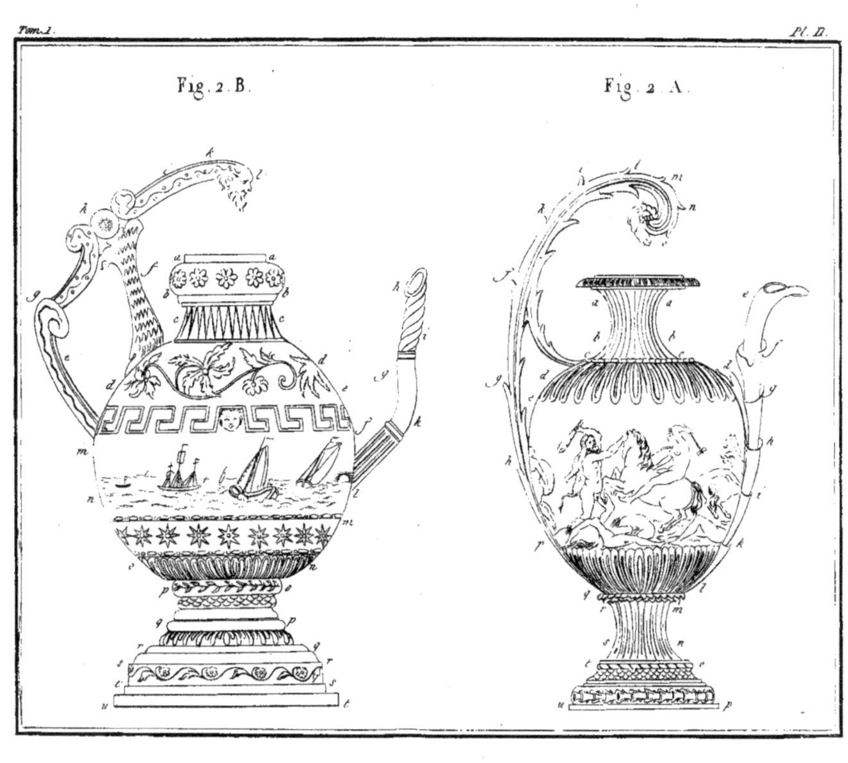
Fig. 2. B.
Fig. 2. A.

www.ingramcontent.com/pod-product-compliance
Lightning Source LLC
LaVergne TN
LVHW011859180726
843502LV00003B/516